# POESIA
# REUNIDA

# POESIA REUNIDA

**ORGANIZAÇÃO E TRADUÇÃO** Marília Garcia

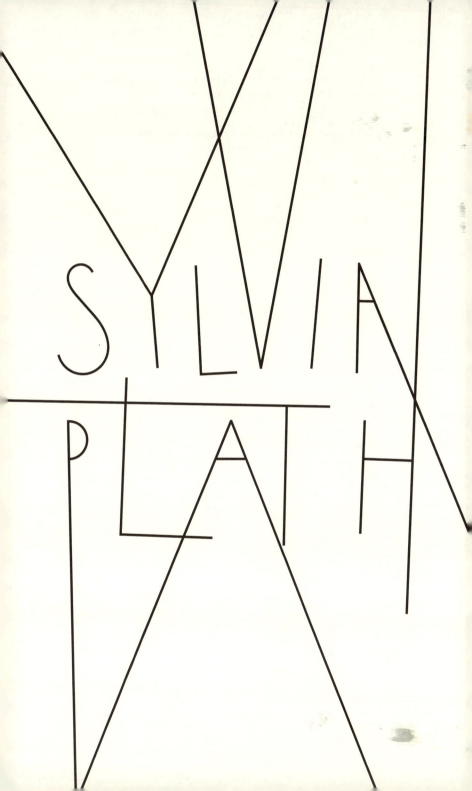

Poemas © 1960, 1965, 1971, 1981, 1989 by espólio de Sylvia Plath
Organização editorial © 1981 by Ted Hughes
Publicado mediante acordo com Tassy Barham Associates Ltd.

Grafia atualizada segundo o Acordo Ortográfico da Língua Portuguesa de 1990, que entrou em vigor no Brasil em 2009.

Títulos originais
Ariel
The Colossus
Collected Poems (seleção)

*Capa e projeto gráfico* Flávia Castanheira
*Preparação* Silvia Massimini Felix
*Cronologia* Érico Melo
*Revisão* Erika Nogueira Vieira e Angela das Neves

Dados Internacionais de Catalogação na Publicação (CIP)
(Câmara Brasileira do Livro, SP, Brasil)

Plath, Sylvia, 1932-1963
   Poesia reunida / Sylvia Plath ; organização e tradução Marília Garcia. – 1ª ed. – São Paulo : Companhia das Letras, 2023.
   Títulos originais: Ariel; The Colossus; Collected Poems.
   ISBN 978-65-5921-525-6
   1. Poesia norte-americana I. Título.

23-149317                                                       CDD-811.3

Índice para catálogo sistemático:
1. Poesia : Literatura norte-americana 811.3
Eliane de Freitas Leite – Bibliotecária – CRB 8/8415

Todos os direitos desta edição reservados à
EDITORA SCHWARCZ S.A.
Rua Bandeira Paulista, 702, cj. 32
04532-002 — São Paulo — SP
Telefone: (11) 3707-3500
www.companhiadasletras.com.br
www.blogdacompanhia.com.br
facebook.com/companhiadasletras
instagram.com/companhiadasletras
twitter.com/cialetras

11 NOTA A ESTA EDIÇÃO

17 **ARIEL** *ARIEL*

21 Canção da manhã *Morning Song*
23 Mensageiros *The Couriers*
25 Ovelhas na neblina *Sheep in Fog*
27 O candidato *The Applicant*
31 Lady Lazarus *Lady Lazarus*
39 Tulipas *Tulips*
45 Corte *Cut*
49 Olmo *Elm*
53 As danças noturnas *The Night Dances*
57 Papoulas em outubro *Poppies in October*
59 Berck-Plage *Berck-Plage*
73 Ariel *Ariel*
77 Morte & cia. *Death & Co.*
81 Nick e o castiçal *Nick and the Candlestick*
85 Gulliver *Gulliver*
89 Chegando *Getting There*
95 Medusa *Medusa*
99 A lua e o teixo *The Moon and the Yew Tree*
103 Presente de aniversário *A Birthday Present*
109 Carta em novembro *Letter in November*
113 A rival *The Rival*
115 Paizinho *Daddy*
123 Você é *You're*

**125**  40° de febre *Fever 103°*
**131**  Reunião das abelhas *The Bee Meeting*
**137**  A chegada da caixa de abelhas *The Arrival of the Bee Box*
**141**  Ferrão *Stings*
**147**  Passando o inverno *Wintering*
**151**  O enforcado *The Hanging Man*
**153**  Pequena fuga *Little Fugue*
**159**  Os anos *Years*
**161**  As manequins de Munique *The Munich Mannequins*
**165**  Totem *Totem*
**169**  O paralítico *Paralytic*
**173**  Balões *Balloons*
**177**  Papoulas em julho *Poppies in July*
**179**  Bondade *Kindness*
**181**  Contusão *Contusion*
**183**  Limite *Edge*
**185**  Palavras *Words*


**187  O COLOSSO *THE COLOSSUS***

**191**  O jardim do solar *The Manor Garden*
**193**  Duas visões de uma sala de cadáveres *Two Views of a Cadaver Room*
**195**  Turno da noite *Night Shift*
**197**  A porca *Sow*
**201**  O cisco no olho *The Eye-Mote*
**205**  Os rochedos de Hardcastle *Hardcastle Crags*
**209**  Fauno *Faun*
**211**  Partida *Departure*
**213**  O colosso *The Colossus*
**217**  Lorelei *Lorelei*

221   Point Shirley *Point Shirley*
225   O touro de Bendylaw *The Bull of Bendylaw*
227   Todos os mortos queridos *All the Dead Dears*
231   Perdas *Aftermath*
233   Os magros *The Thin People*
239   O suicídio em Egg Rock *Suicide off Egg Rock*
241   Cogumelos *Mushrooms*
245   Eu quero, eu quero *I Want, I Want*
247   Aquarela dos campos de Grantchester
      *Watercolor of Grantchester Meadows*
251   A despedida do fantasma *The Ghost's Leavetaking*
255   Metáforas *Metaphors*
257   Gralha negra em tempo chuvoso *Black Rook in Rainy Weather*
261   Barco de inverno *A Winter Ship*
265   A cinco braças de profundidade *Full Fathom Five*
269   Sentimental *Maudlin*
271   Toupeiras azuis *Blue Moles*
275   Canção da prostituta *Strumpet Song*
277   Ouija *Ouija*
281   Homem de preto *Man in Black*
283   O encantador de serpentes *Snakecharmer*
287   O eremita da casa mais longínqua
      *The Hermit at Outermost House*
289   As musas inquietantes *The Disquieting Muses*
295   Medalhão *Medallion*
299   As duas irmãs de Perséfone *Two Sisters of Persephone*
303   Os defeitos de estimação *The Companionable Ills*
305   Nasce a lua *Moonrise*
309   Solteirona *Spinster*
313   Outono das rãs *Frog Autumn*
315   Pesca de mariscos em Rock Harbor
      *Mussel Hunter at Rock Harbor*

323   A filha do apicultor *The Beekeeper's Daughter*
325   Tudo no lugar *The Times Are Tidy*
327   Balneário incendiado *The Burnt-Out Spa*
331   O escultor *Sculptor*
333   Poema para um aniversário *Poem for a Birthday*

351   **POEMAS ESPARSOS**

353   Místico *Mystic*
357   Filho *Child*
359   Mulher sem filhos *Childless Woman*
361   Brasília *Brasilia*
365   Árvores no inverno *Winter Trees*
367   Canção de Maria *Mary's song*
369   Os medrosos *The Fearful*
371   Talidomida *Thalidomide*
375   Purdah *Purdah*
381   A visita *The Tour*
385   Amnésico *Amnesiac*
389   Parada brusca *Stopped Dead*
391   Lesbos *Lesbos*
399   O carcereiro *The Jailer*
403   Um segredo *A Secret*
407   O enxame *The Swarm*
413   A coragem de se calar *The Courage of Shutting-Up*
417   Detetive *The Detective*
421   Para um filho sem pai *For a Fatherless Son*
423   Palavras ouvidas, por acaso, ao telefone *Words heard, by accident, over the phone*
425   A outra *The Other*
429   Acontecimento *Event*

**431** O caçador de coelhos *The Rabbit Catcher*
**435** Entre os narcisos *Among the Narcissi*
**437** Atravessando a água *Crossing the Water*
**439** Espelho *Mirror*
**441** Últimas palavras *Last Words*
**443** Colhendo amoras *Blackberrying*
**445** Insone *Insomniac*
**449** Sou vertical *I am Vertical*
**451** Mulher estéril *Barren Woman*
**453** A mulher do guarda do zoológico *Zoo Keeper's Wife*
**457** Reis magos *Magi*
**459** Carta de amor *Love Letter*
**463** Dois acampados no país das nuvens
    *Two Campers in Cloud Country*
**467** Dormir no deserto Mojave *Sleep in the Mojave Desert*
**469** No convés *On Deck*
**473** Natimorto *Stillborn*
**475** Propriedade privada *Private Ground*
**477** Conversa entre ruínas *Conversation Among the Ruins*
**479** Móbile de verão *Midsummer Mobile*
**481** Barba-azul *Bluebeard*


**485** CRONOLOGIA
**499** ÍNDICE DE POEMAS EM ORDEM ALFABÉTICA

## NOTA A ESTA EDIÇÃO

*Marília Garcia*

O presente volume reúne os dois livros organizados por Sylvia Plath, *Ariel* (1965) e *O colosso* (1960), além de uma seleção de 42 poemas esparsos, que abrangem o período de 1954 a 1963.

A obra de Sylvia Plath é atravessada por uma série de questões editoriais que acabaram por definir sua recepção e circulação. *Ariel*, livro que a consagrou, teve a primeira edição em 1965, dois anos após a morte da escritora. O efeito da publicação foi explosivo, com impacto perturbador tanto na crítica como nos leitores. Se os poemas trazem, de fato, "algo de eletrizante", como definiu George Steiner, também as circunstâncias trágicas do suicídio da poeta aos trinta anos abriram caminho para um processo de culto tão intenso à figura da autora que seria difícil, a partir daí, pensar sua produção sem a presença de tal culto.

Quase vinte anos depois da publicação de *Ariel*, quando saíram os *Collected Poems*, em 1981, soube-se que a versão do livro deixada por Plath pouco antes de morrer não era exatamente a publicada em 1965. Catorze poemas haviam sido excluídos (treze estavam no corpo do livro e um listado apenas no sumário, a mão) e, em seu lugar, outros treze foram colocados, totalizando um livro de quarenta poemas. Alguns críticos, como Marjorie Perloff, leram as diferenças entre a narrativa resultante da versão publicada e a da versão manuscrita, apontando, por exemplo, que a versão de 1965, organizada por Ted Hughes com a ajuda de amigos, terminava com uma sequência de poemas escritos nas últimas semanas de vida da autora, repletos de morte (na versão manuscrita, a sequência final trazia a série sobre abelhas). Essa decisão acabou contribuindo para a prevalência do fator biográfico como única chave de leitura da obra.

Em 2004, veio à luz *Ariel* restaurado, com prefácio da filha, Frieda Hughes, retomando a forma original do manuscrito. Foi baseada nela a primeira edição completa do livro publicada no Brasil, em 2007 pela Verus editora, com tradução de Rodrigo Garcia Lopes e Cristina Macedo.

Os poemas de *Ariel* incluídos neste volume seguem a edição de 1965, na versão que consagrou Sylvia Plath e fez dela a poeta que hoje conhecemos. Mas, para dar acesso também à versão restaurada, foram incluídos, na seção "Poemas esparsos", os catorze poemas ausentes da primeira edição e, ao fim desta nota, o sumário do manuscrito para que seja possível comparar as duas edições.

Esses atravessamentos editoriais parecem recorrentes na poesia moderna — em língua inglesa, dois exemplos paradigmáticos que chamam a atenção: Emily Dickinson, que não publicou livro em vida, e Marianne Moore, que alterava seus poemas a cada edição. Isso, contudo, não torna a questão menos delicada. Pelo contrário, o caminho é sempre cheio de desvios, pistas duplas, "perguntas sem respostas que resplandecem", como diz um verso plathiano.

Seja numa ou noutra versão de *Ariel*, fica evidente a contundência dos poemas de Sylvia Plath, com imagens desconcertantes que estão gravadas na memória coletiva e afetiva de nós, leitoras e leitores: basta observar e percorrer uma das tensões centrais presentes nesse livro — entre a vida pulsante, com cores, natureza, ondas gigantescas, seres inanimados em movimento, e a morte que aparece com tanta intensidade. Basta acompanhar também o trabalho minucioso com a oralidade desses poemas (vale ouvir as leituras feitas pela poeta de uma série de poemas de *Ariel* para um programa da BBC), ou perceber o humor mordaz e a transfiguração de cenas banais, estáticas, corriqueiras, em grandes acontecimentos.

Menos lido, menos traduzido e até agora inédito no Brasil, *O colosso* é um livro com muitas velocidades e tempos e que teve várias versões ao longo dos quatro anos em que Plath trabalhou nele em busca de um editor. Se o volume tem um caráter mais heterogêneo que *Ariel*, ele traz, por outro lado, alguns núcleos bem identificáveis, como os poemas escritos para uma série sobre pintura publicada na revista *Art News* ("Encantador de serpentes", com Douanier Rousseau, "A despedida do fantasma", com Paul Klee, "As musas inquietantes", com De Chirico, "Duas visões de uma sala de cadáveres", que evoca tela de Hieronymus Bosch, ou "O escultor", sobre a obra de Leonard Baskin). O livro inclui também muitos elementos que estarão presentes em *Ariel*, sejam eles temáticos, como a topografia oceânica e a presença da natureza, sejam formais, como os diversos diálogos com a tradição literária e um trabalho de escrita minucioso.

Os textos que selecionei para a seção "Poemas esparsos" abrangem a produção de 1954 a 1963 — sendo a maior parte de 1962, período bastante prolífico —, acrescida de quatro poemas anteriores a 1960. Além dos textos do manuscrito excluídos da primeira edição de *Ariel*, estão presentes poemas emblemáticos como "Sou vertical", "Árvores no inverno", e outros não tão conhecidos. Estão ordenados dos mais recentes para os mais antigos.

Muitas vezes a tradução é um trabalho feito a várias mãos, sobretudo num caso como esse em que há diversas versões para vários poemas (em português e também em outras línguas). Deixo registrada aqui minha gratidão a alguns tradutores que trouxeram a obra de Sylvia Plath em versões que li e reli ao longo dos anos, como Ana Cristina Cesar, Augusto de Campos, Ana Cândida Perez, Rodrigo Garcia Lopes, Mauricio Arruda Mendonça, Cristina Macedo, Jorge Wanderley, Vinicius Dantas, Ivo Barroso, entre outros.

E, por fim, um agradecimento a algumas pessoas que leram, sugeriram, esclareceram, dialogaram: Sarah Rebecca Kersley, Katrina Dodson e Rob Packer, para questões pontuais, relacionadas aos usos da língua inglesa e da poesia de Plath.

E a Alice Sant'Anna, Fernanda Belo, Silvia Massimini Félix e Leonardo Gandolfi, pela leitura e releitura, por todas as sugestões e ajustes.

Aos dezessete anos, Sylvia Plath escreveu em seu diário: "Hoje é dia primeiro de agosto. Um dia quente, fumegante, úmido. Chove. Estou tentada a escrever um poema. Mas lembro-me do que consta numa das cartas de recusa que recebi: após o aguaceiro, poemas intitulados 'Chuva' inundam o país inteiro".

O lembrete espirituoso poderia ser uma espécie de arte poética ao sugerir um gesto contra a poesia ou contra o ímpeto da escrita impensada — ou, ao menos, uma tentativa de frear tal ímpeto, ainda que ele viesse a galope e se impusesse. Poderia indicar também um caminho de leitura a contrapelo do que comumente ocorre: em vez de ler a vida (ou só a vida), conter o ímpeto e ir aos poemas. E aqui estão eles, prontos para serem lidos: vivos, inteiros, eletrizantes. Como aqueles objetos do poema "Últimas palavras", aquecidos pelo manuseio, coisa viva que pode ser tocada e que permanece mesmo depois que nosso espírito se esvai pelos buracos do corpo.

ORDEM DOS POEMAS DE *ARIEL* NA VERSÃO MANUSCRITA
(OS POEMAS EXCLUÍDOS ESTÃO EM ITÁLICO)

Canção da manhã, Mensageiros, *O caçador de coelhos, Talidomida*, O candidato, *Mulher estéril*, Lady Lazarus, Tulipas, *Um segredo, O carcereiro*, Corte, Olmo, As danças noturnas, *Detetive*, Ariel, Morte & cia., *Reis magos, Lesbos, A outra, Parada brusca*, Papoulas em outubro, A coragem de se calar, Nick e o castiçal, Berck-Plage, Gulliver, Chegando, Medusa, *Purdah*, A lua e o teixo, Presente de aniversário, Carta em novembro, *Amnésico, A rival*, Paizinho, Você é, 40° de febre, Reunião das abelhas, A chegada da caixa de abelhas, Ferrão, *O enxame* (poema escrito à mão no sumário manuscrito) e Passando o inverno.

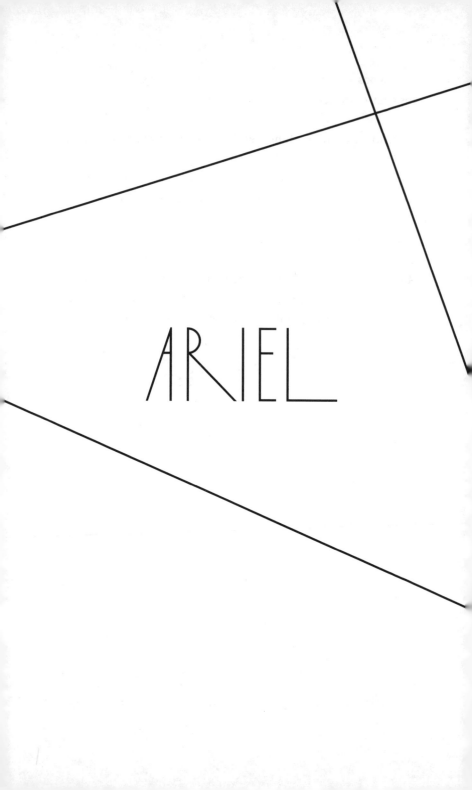

To Frieda and Nicholas

*Para Frieda e Nicholas*

## MORNING SONG

*Love set you going like a fat gold watch.*
*The midwife slapped your footsoles, and your bald cry*
*Took its place among the elements.*

*Our voices echo, magnifying your arrival. New statue.*
*In a drafty museum, your nakedness*
*Shadows our safety. We stand round blankly as walls.*

*I'm no more your mother*
*Than the cloud that distills a mirror to reflect its own slow*
*Effacement at the wind's hand.*

*All night your moth-breath*
*Flickers among the flat pink roses. I wake to listen:*
*A far sea moves in my ear.*

*One cry, and I stumble from bed, cow-heavy and floral*
*In my Victorian nightgown.*
*Your mouth opens clean as a cat's. The window square*

*Whitens and swallows its dull stars. And now you try*
*Your handful of notes;*
*The clear vowels rise like balloons.*

## CANÇÃO DA MANHÃ

O amor deu corda em você feito um relógio de ouro.
A enfermeira bateu nos seus pezinhos e você veio chorando
Ocupar um lugar no mundo.

Nossas vozes comemoram sua chegada. Nova estátua.
Num museu frio, sua nudez
Ameaça nossa segurança. Ficamos ao redor, como paredes vazias.

Não sou sua mãe mais
Do que a nuvem polindo um espelho para refletir, nas mãos
Do vento, sua própria e lenta extinção.

A noite toda seu hálito de mariposa
Tremula em meio às rosas murchas. Acordo e ouço:
Um mar ao longe canta no meu ouvido.

Um choro. Saio da cama tropeçando, vaca pesada e florida
Numa camisola vitoriana.
Sua boca se abre, limpa como a de um gato. O vidro da janela

Ilumina e engole as estrelas apagadas. Enquanto você ensaia
Um punhado de sons;
Vogais límpidas voam feito balões.

**THE COURIERS**

*The word of a snail on the plate of a leaf?
It is not mine. Do not accept it.*

*Acetic acid in a sealed tin?
Do not accept it. It is not genuine.*

*A ring of gold with the sun in it?
Lies. Lies and a grief.*

*Frost on a leaf, the immaculate
Cauldron, talking and crackling*

*All to itself on the top of each
Of nine black Alps.*

*A disturbance in mirrors,
The sea shattering its gray one—*

*Love, love, my season.*

**MENSAGEIROS**


A frase de um caracol numa fina folhinha?
Não aceite. Não é minha.

Ácido acético em frasco lacrado?
Não aceite. Não é comprovado.

Anel de ouro com o sol dentro?
Só mentiras. E sofrimento.

Folha coberta de gelo, o imaculado
Caldeirão crepitando com seu brado,

Sozinho, no alto de cada um
Dos nove Alpes negros.

Um tumulto nos espelhos,
O mar estilhaça o mais cinzento —

Amor, amor, minha estação.

## SHEEP IN FOG

*The hills step off into whiteness.*
*People or stars*
*Regard me sadly, I disappoint them.*

*The train leaves a line of breath.*
*O slow*
*Horse the color of rust,*

*Hooves, dolorous bells—*
*All morning the*
*Morning has been blackening,*

*A flower left out.*
*My bones hold a stillness, the far*
*Fields melt my heart.*

*They threaten*
*To let me through to a heaven*
*Starless and fatherless, a dark water.*

**OVELHAS NA NEBLINA**

As colinas afundam na brancura.
Pessoas ou estrelas
Me olham tristes, desapontadas comigo.

O trem deixa um rastro de sopro.
Ó lento
Cavalo cor de ferrugem,

Galopes, sinos dolorosos —
Durante toda a manhã, a
Manhã foi escurecendo,

Uma flor deixada fora.
Meus ossos mantêm a calma, ao longe
Os campos derretem meu coração.

Ameaçam
Me levar a um céu
Sem estrelas nem pai, uma água preta.

## THE APPLICANT

*First, are you our sort of a person?*
*Do you wear*
*A glass eye, false teeth or a crutch,*
*A brace or a hook,*
*Rubber breasts or a rubber crotch,*

*Stitches to show something's missing? No, no? Then*
*How can we give you a thing?*
*Stop crying.*
*Open your hand.*
*Empty? Empty. Here is a hand*

*To fill it and willing*
*To bring teacups and roll away headaches*
*And do whatever you tell it.*
*Will you marry it?*
*It is guaranteed*

*To thumb shut your eyes at the end*
*And dissolve of sorrow.*
*We make new stock from the salt.*
*I notice you are stark naked.*
*How about this suit—*

*Black and stiff, but not a bad fit.*
*Will you marry it?*
*It is waterproof, shatterproof, proof*

## O CANDIDATO

Para começar, você é dos nossos?
Será que tem
Um olho de vidro, dentadura ou muleta,
Uma prótese ou um gancho,
Peito ou entreperna de borracha,

Pontos pelo corpo indicando algo que falta? Não? Bom,
Como podemos ajudá-lo?
Ora, não chore.
Mostre sua mão.
Vazia? Vazia. Tome essa outra mão aqui,

Pronta para o encaixe, disposta
A trazer um chá, acabar com a enxaqueca
E fazer o que você mandar.
Quer se casar com ela?
Garantimos

Que no fim ela vai fechar seus olhos
E aliviar a dor.
Temos novos estoques feitos de sal.
Estou vendo que você está totalmente nu.
Que tal esse terno —

É preto, de inverno, mas parece bem moderno.
Quer se casar com ela?
É à prova d'água, à prova de queda e resiste

*Against fire and bombs through the roof.*
*Believe me, they'll bury you in it.*

*Now your head, excuse me, is empty.*
*I have the ticket for that.*
*Come here, sweetie, out of the closet.*
*Well, what do you think of that?*
*Naked as paper to start*

*But in twenty-five years she'll be silver,*
*In fifty, gold.*
*A living doll, everywhere you look.*
*It can sew, it can cook,*
*It can talk, talk, talk.*

*It works, there is nothing wrong with it.*
*You have a hole, it's a poultice.*
*You have an eye, it's an image.*
*My boy, it's your last resort.*
*Will you marry it, marry it, marry it.*

Ao fogo e às bombas que caem sobre seu teto triste.
Acredite, vão enterrá-lo aqui.

Mas, estou vendo que sua cabeça está vazia.
Posso dar um jeito nisso.
Venha cá, queridinho, me conte mais.
O que você acha *disso* aqui?
No começo, branca feito papel

Mas em vinte e cinco anos será prata.
Em cinquenta, ouro.
Uma boneca cheia de vida em qualquer lugar.
Sabe costurar, sabe cozinhar
E fala, fala, fala.

Está nos trinques, em perfeito estado.
Você tem um problema, ela é o remédio.
Você tem um olho, ela é a imagem.
Meu garoto, é sua última chance.
Quer se casar, casar, casar?

## LADY LAZARUS

*I have done it again.*
*One year in every ten*
*I manage it—*

*A sort of walking miracle, my skin*
*Bright as a Nazi lampshade,*
*My right foot*

*A paperweight,*
*My face a featureless, fine*
*Jew linen.*

*Peel off the napkin*
*O my enemy.*
*Do I terrify?—*

*The nose, the eye pits, the full set of teeth?*
*The sour breath*
*Will vanish in a day.*

*Soon, soon the flesh*
*The grave cave ate will be*
*At home on me*

*And I a smiling woman.*
*I am only thirty.*
*And like the cat I have nine times to die.*

## LADY LAZARUS

Eu fiz outra vez.
Um ano a cada dez
Repito o feito —

Tipo um milagre encarnado, minha pele
Reluz como um abajur nazista,
Meu pé direito

Um peso de papel
E meu rosto apático, fino
Lenço judeu.

Arranque o pano,
Ó meu carrasco.
Você tem medo de mim? —

O nariz, os olhos ausentes, duas fileiras de dentes?
O hálito amargo
Some num instante.

Logo, logo essa carne
Que o buraco da terra engoliu
Voltará para casa em mim:

Eu, essa mulher-que-sorri.
Só tenho trinta anos.
E, assim como um gato, sete vidas para viver.

This is Number Three.
What a trash
To annihilate each decade.

What a million filaments.
The peanut-crunching crowd
Shoves in to see

Them unwrap me hand and foot—
The big strip tease.
Gentlemen, ladies

These are my hands
My knees.
I may be skin and bone,

Nevertheless, I am the same, identical woman.
The first time it happened I was ten.
It was an accident.

The second time I meant
To last it out and not come back at all.
I rocked shut

As a seashell.
They had to call and call
And pick the worms off me like sticky pearls.

Dying
Is an art, like everything else.
I do it exceptionally well.

Essa é a Terceira.
Tanta tralha
Para expurgar a cada década.

Milhões de filamentos!
A multidão mascando amendoim
Se aglomera para ver

Desatarem minhas mãos e meus pés —
Um striptease pra valer.
Senhoras e senhores,

Eis aqui minhas mãos
E meus joelhos.
Posso ser só pele e osso

Mas ainda sou a mesma, tal e qual.
Na primeira vez que aconteceu
Eu tinha dez anos. Foi acidental.

Na segunda foi proposital,
Queria apagar e nunca mais voltar.
Rolei toda fechada,

Feito uma concha do mar.
Tiveram que me chamar e chamar
E arrancar de mim os vermes, como pérolas grudentas.

Morrer
É uma arte, como tudo.
É algo que conheço a fundo.

*I do it so it feels like hell.*
*I do it so it feels real.*
*I guess you could say I've a call.*

*It's easy enough to do it in a cell.*
*It's easy enough to do it and stay put.*
*It's the theatrical*

*Comeback in broad day*
*To the same place, the same face, the same brute*
*Amused shout:*

*"A miracle!"*
*That knocks me out.*
*There is a charge*

*For the eyeing of my scars, there is a charge*
*For the hearing of my heart—*
*It really goes.*

*And there is a charge, a very large charge*
*For a word or a touch*
*Or a bit of blood*

*Or a piece of my hair or my clothes.*
*So, so, Herr Doktor.*
*So, Herr Enemy.*

*I am your opus,*
*I am your valuable,*
*The pure gold baby*

Faço parecer o fim do mundo.
Faço parecer real.
Dizem que tenho o dom.

É tão fácil fazer numa cela.
É tão fácil se esconder dentro dela.
É como voltar

À cena já em pleno dia,
Ao mesmo posto, ao mesmo rosto, ao mesmo grito
Brutal e divertido,

"Milagre!",
Que sempre acaba comigo.
Podem ver minhas feridas,

Mas tem um preço. Ouvir meu
Coração, mas tem um preço —
Ele bate com força.

E tem um preço, um preço alto
Para cada palavra ou contato
Ou sangue, mesmo que uma gota,

Um fio de cabelo, um pedaço de roupa.
Ora, ora, *Herr Doktor*.
Ora, *Herr* Carrasco.

Sou sua obra,
Seu valioso
Bebê de ouro

*That melts to a shriek.*
*I turn and burn.*
*Do not think I underestimate your great concern.*

*Ash, ash—*
*You poke and stir.*
*Flesh, bone, there is nothing there—*

*A cake of soap,*
*A wedding ring,*
*A gold filling.*

*Herr God, Herr Lucifer*
*Beware*
*Beware.*

*Out of the ash*
*I rise with my red hair*
*And I eat men like air.*

Que num grito derrete.
Eu aguardo e ardo.
Não vá pensar que não ligo pro seu medo.

Cinzas, cinzas —
Você atiça o lume.
Carne, osso, não há nada mesmo ali —

Um sabonete,
Uma aliança,
Uma obturação de ouro.

*Herr* Deus, *Herr* Lúcifer.
Cuidado
Muito cuidado.

Das cinzas me levanto,
Ruiva, sem nenhum disfarce,
E devoro homens como se respirasse.

**TULIPS**

*The tulips are too excitable, it is winter here.*
*Look how white everything is, how quiet, how snowed-in.*
*I am learning peacefulness, lying by myself quietly*
*As the light lies on these white walls, this bed, these hands.*
*I am nobody; I have nothing to do with explosions.*
*I have given my name and my day-clothes up to the nurses*
*And my history to the anesthetist and my body to surgeons.*

*They have propped my head between the pillow and the sheet-cuff*
*Like an eye between two white lids that will not shut.*
*Stupid pupil, it has to take everything in.*
*The nurses pass and pass, they are no trouble,*
*They pass the way gulls pass inland in their white caps,*
*Doing things with their hands, one just the same as another,*
*So it is impossible to tell how many there are.*

*My body is a pebble to them, they tend it as water*
*Tends to the pebbles it must run over, smoothing them gently.*
*They bring me numbness in their bright needles, they bring me sleep.*
*Now I have lost myself I am sick of baggage—*
*My patent leather overnight case like a black pillbox,*
*My husband and child smiling out of the family photo;*
*Their smiles catch onto my skin, little smiling hooks.*

*I have let things slip, a thirty-year-old cargo boat*
*Stubbornly hanging on to my name and address.*
*They have swabbed me clear of my loving associations.*
*Scared and bare on the green plastic-pillowed trolley*

**TULIPAS**

As tulipas estão acesas demais, aqui é inverno.
Tudo está tão branco, calmo, coberto de neve.
Aprendo a ficar em paz, deitada sozinha, quieta
Como a luz nas paredes brancas, na cama, nas mãos.
Não sou ninguém; não tenho nada a ver com explosões.
Dei meu nome e minhas roupas às enfermeiras,
Meu histórico ao anestesista e meu corpo aos cirurgiões.

Deitaram minha cabeça entre o travesseiro e o lençol
Feito um olho entre pálpebras brancas que não se fecham.
Pupila estúpida, quer sorver tudo.
As enfermeiras não me incomodam com seu vaivém,
São gaivotas de chapéus brancos que voam para longe
Fazendo coisas com as mãos, todas iguais,
Impossível dizer quantas são.

Meu corpo é um seixo, cuidam dele como a água
Alisa e acaricia os seixos ao passar por eles.
Com seringas brilhantes, elas me injetam o torpor.
Agora que estou confusa, canso com tanto peso —
A mala de couro que trouxe é uma caixinha preta de remédio,
Na foto de família, o marido e a filha sorriem.
Seus sorrisos grudam em minha pele, ganchinhos sorridentes.

Deixei as coisas deslizarem, um cargueiro de trinta anos
Teimoso pendurado em meu nome e endereço.
Aqui cortaram meus laços afetivos.
Medrosa e despida sobre a maca verde de plástico,

I watched my teaset, my bureaus of linen, my books
Sink out of sight, and the water went over my head.
I am a nun now, I have never been so pure.

I didn't want any flowers, I only wanted
To lie with my hands turned up and be utterly empty.
How free it is, you have no idea how free—
The peacefulness is so big it dazes you,
And it asks nothing, a name tag, a few trinkets.
It is what the dead close on, finally; I imagine them
Shutting their mouths on it, like a Communion tablet.

The tulips are too red in the first place, they hurt me.
Even through the gift paper I could hear them breathe
Lightly, through their white swaddlings, like an awful baby.
Their redness talks to my wound, it corresponds.
They are subtle: they seem to float, though they weigh me down,
Upsetting me with their sudden tongues and their color,
A dozen red lead sinkers round my neck.

Nobody watched me before, now I am watched.
The tulips turn to me, and the window behind me
Where once a day the light slowly widens and slowly thins,
And I see myself, flat, ridiculous, a cut-paper shadow
Between the eye of the sun and the eyes of the tulips,
And I have no face, I have wanted to efface myself.
The vivid tulips eat my oxygen.

Before they came the air was calm enough,
Coming and going, breath by breath, without any fuss.
Then the tulips filled it up like a loud noise.
Now the air snags and eddies round them the way a river

Olhava o jogo de chá, as roupas de cama, meus livros
Afundando sozinhos, quando a água cobriu minha cabeça.
Agora virei freira, nunca fui tão pura.

Não queria flores, só queria ficar
Deitada, a palma das mãos para cima, e me sentir vazia.
Você não faz ideia da sensação de liberdade —
A paz é tão grande que ofusca; não pede nada em troca,
Só uma etiqueta com o nome, uma ninharia. No fim,
É assim que os mortos terminam; imagino cada um
Abrindo a boca para receber a paz feito uma hóstia.

Primeiro, as tulipas estão vermelhas demais e me ferem.
Mesmo com o papel de presente, ouço a respiração delas
Por trás dos lenços brancos, feito um bebê horrível.
O vermelho das tulipas conversa com minhas feridas.
Elas são sutis: parecem flutuar, mas pesam sobre mim,
Perturbam com suas línguas afiadas, com sua cor,
Doze pesos de chumbo vermelhos presos no pescoço.

Antes, ninguém me vigiava; agora, sim.
As tulipas viradas para mim, a janela atrás,
Por onde entra a luz que vem e depois vai,
Vejo-me deitada, ridícula, silhueta de papel
Entre o olho do sol e os olhos das tulipas,
E não tenho rosto, gostaria de me apagar.
As tulipas devoram meu oxigênio.

Antes delas, o ar estava calmo,
Inspira, expira, um vaivém sem sobressaltos.
Então, elas ocuparam o espaço como um estrondo.
Agora o ar rodopia ao redor delas, como um rio ao redor da

*Snags and eddies round a sunken rust-red engine.*
*They concentrate my attention, that was happy*
*Playing and resting without committing itself.*

*The walls, also, seem to be warming themselves.*
*The tulips should be behind bars like dangerous animals;*
*They are opening like the mouth of some great African cat,*
*And I am aware of my heart: it opens and closes*
*Its bowl of red blooms out of sheer love of me.*
*The water I taste is warm and salt, like the sea,*
*And comes from a country far away as health.*

Máquina enferrujada que afundou.
Elas prendem minha atenção, que antes era alegre,
Livre, descomprometida.

Também as paredes parecem aquecidas.
As tulipas deviam estar presas, como feras;
Elas se abrem como a boca de um felino selvagem
E eu sinto meu coração: que abre e fecha cada
Botão vermelho em flor — só para mostrar seu amor.
Tomo um gole de água morna e salgada que lembra
O mar, e vem de muito longe, do país da saúde.

**CUT**

For Susan O'Neill Roe

*What a thrill—*
*My thumb instead of an onion.*
*The top quite gone*
*Except for a sort of a hinge*

*Of skin,*
*A flap like a hat,*
*Dead white.*
*Then that red plush.*

*Little pilgrim,*
*The Indian's axed your scalp.*
*Your turkey wattle*
*Carpet rolls*

*Straight from the heart.*
*I step on it,*
*Clutching my bottle*
*Of pink fizz.*

*A celebration, this is.*
*Out of a gap*
*A million soldiers run,*
*Redcoats, every one.*

*Whose side are they on?*
*O my*

## CORTE

*Para Susan O'Neill Roe*

Estremeço —
Em vez da cebola, meu polegar.
A pontinha do dedo
Presa por um fio

De pele,
Aba de chapéu
Toda branca.
Debaixo, a pelúcia vermelha.

Peregrino pequenino,
Indígenas cortaram seu escalpo.
Feito uma papada de peru
O tapete se desenrola

Direto do coração.
Eu piso nele,
Com minha garrafa
De espumante rosê.

Uma festa.
Milhares de soldados
Saem do fosso,
Todos de vermelho, fardados.

De que lado estão?
Ó meu

*Homunculus, I am ill.
I have taken a pill to kill*

*The thin
Papery feeling.
Saboteur,
Kamikaze man—*

*The stain on your
Gauze Ku Klux Klan
Babushka
Darkens and tarnishes and when*

*The balled
Pulp of your heart
Confronts its small
Mill of silence*

*How you jump—
Trepanned veteran,
Dirty girl,
Thumb stump.*

Homúnculo, que mal-estar.
Tomei um remédio para acabar

Com essa sensação
Vulnerável.
Sabotador,
Seu kamikaze —

Agora a mancha no curativo,
Em sua gaze Ku Klux Klan
Babushka,
Escurece e se suja, e quando

A polpa
Redonda do seu coração
Confrontar seu pequeno
Moinho de silêncio,

Você vai dar um salto —
Veterano trepanado,
Menina sacana,
Cepo de dedo.

**ELM**

For Ruth Fainlight

*I know the bottom, she says. I know it with my great tap root:*
*It is what you fear.*
*I do not fear it: I have been there.*

*Is it the sea you hear in me,*
*Its dissatisfactions?*
*Or the voice of nothing, that was your madness?*

*Love is a shadow.*
*How you lie and cry after it*
*Listen: these are its hooves: it has gone off, like a horse.*

*All night I shall gallop thus, impetuously,*
*Till your head is a stone, your pillow a little turf,*
*Echoing, echoing.*

*Or shall I bring you the sound of poisons?*
*This is rain now, this big hush.*
*And this is the fruit of it: tin-white, like arsenic.*

*I have suffered the atrocity of sunsets.*
*Scorched to the root*
*My red filaments burn and stand, a hand of wires.*

*Now I break up in pieces that fly about like clubs.*
*A wind of such violence*
*Will tolerate no bystanding: I must shriek.*

**OLMO**

*Para Ruth Fainlight*

Conheço bem o fundo, ele diz. Conheço com minha raiz:
Você morre de medo dele.
Eu não: já estive lá.

É o mar que você ouve em mim,
Cheio de queixas?
Ou a voz do nada, sua própria loucura?

O amor é uma sombra.
Você se deita, chora por ele.
Ouça: são cascos: ele se foi como um cavalo.

Vou galopar por toda a noite, sem parar,
Até sua cabeça virar pedra e o travesseiro, um campo
Ecoando, ecoando.

Ou eu deveria te mostrar o som do veneno?
Agora ouça a chuva, essa calmaria.
E o resultado: branco metálico, como arsênico.

Já sofri tanto com o terrível pôr do sol.
Chamuscada até a raiz,
Minhas fibras pegam fogo e resistem, um punhado de fios.

Agora me desfaço em pedaços: que voam feito estilhaços.
Ninguém resiste
A um vento tão violento: preciso gritar.

*The moon, also, is merciless: she would drag me*
*Cruelly, being barren.*
*Her radiance scathes me. Or perhaps I have caught her.*

*I let her go. I let her go*
*Diminished and flat, as after radical surgery.*
*How your bad dreams possess and endow me.*

*I am inhabited by a cry.*
*Nightly it flaps out*
*Looking, with its hooks, for something to love.*

*I am terrified by this dark thing*
*That sleeps in me;*
*All day I feel its soft, feathery turnings, its malignity.*

*Clouds pass and disperse.*
*Are those the faces of love, those pale irretrievables?*
*Is it for such I agitate my heart?*

*I am incapable of more knowledge.*
*What is this, this face*
*So murderous in its strangle of branches?—*

*Its snaky acids hiss.*
*It petrifies the will. These are the isolate, slow faults*
*That kill, that kill, that kill.*

Nem a lua tem pena de mim: me arrastaria
Cruel e severa.
Com um brilho que me aniquila. Ou eu a capturei?

Deixo que a lua vá indo, indo,
Murcha e minguante, pós-cirúrgica.
Com seus pesadelos, você me fortalece e me possui.

Dentro de mim mora um grito.
À noite ele sai,
Garras de fora, busca algo para amar.

Vivo apavorada com o escuro
Que dorme aqui dentro.
O dia todo ele se mexe, com calma, maligno.

Nuvens passam e se dispersam.
São as faces do amor, pálidas, perdidas para sempre?
É para isso que meu coração se agita?

Não consigo aprender mais nada.
Quem é esse rosto que surge
Feroz em meio aos ramos sufocantes? —

Com um assobio ácido de serpente
Ele petrifica o desejo. Erros isolados, lentos,
Que matam, matam, matam.

## THE NIGHT DANCES

A smile fell in the grass.
Irretrievable!

And how will your night dances
Lose themselves. In mathematics?

Such pure leaps and spirals—
Surely they travel

The world forever, I shall not entirely
Sit emptied of beauties, the gift

Of your small breath, the drenched grass
Smell of your sleeps, lilies, lilies.

Their flesh bears no relation.
Cold folds of ego, the calla,

And the tiger, embellishing itself—
Spots, and a spread of hot petals.

The comets
Have such a space to cross,

Such coldness, forgetfulness.
So your gestures flake off—

## AS DANÇAS NOTURNAS

Um sorriso caiu na grama.
Irreversível!

Como será que suas danças noturnas
Vão se perder? Na matemática?

Saltos e espirais tão simples —
É claro que sempre

Se espalham pelo mundo; não vou ficar
Sem nenhum encanto, que sorte ter sua

Respiração aqui e o cheiro de grama
Molhada do seu sono, lírios, lírios.

A pele das flores não tolera contato.
Dobras frias do ego, o copo-de-leite,

E o tigre se enfeitando —
Manchas e uma explosão de pétalas quentes.

Os cometas
Têm tanto espaço para percorrer,

Tanto frio, tanto vazio.
Assim seus gestos se perdem —

*Warm and human, then their pink light*
*Bleeding and peeling*

*Through the black amnesias of heaven.*
*Why am I given*

*These lamps, these planets*
*Falling like blessings, like flakes*

*Six-sided, white*
*On my eyes, my lips, my hair*

*Touching and melting.*
*Nowhere.*

Primeiro, quentes e humanos, e depois
Com a luz cor-de-rosa que sangra e descama

Até se dissolver na amnésia escura do céu.
Por que é que recebo

Esses clarões, planetas
Caindo como bênçãos, como flocos

Brancos de seis lados
Nos meus olhos, lábios, cabelos

Que me tocam e se diluem.
Para nenhum lugar.

**POPPIES IN OCTOBER**

Even the sun-clouds this morning cannot manage such skirts.
Nor the woman in the ambulance
Whose red heart blooms through her coat so astoundingly—

A gift, a love gift
Utterly unasked for
By a sky

Palely and flamily
Igniting its carbon monoxides, by eyes
Dulled to a halt under bowlers.

O my God, what am I
That these late mouths should cry open
In a forest of frost, in a dawn of cornflowers.

**PAPOULAS EM OUTUBRO**

Nem as nuvens ensolaradas conseguem controlar essas saias.
Nem a mulher na ambulância,
O coração rubro brota através do casaco para espanto geral —

Um dom, um dom de amor
Não solicitado
Por um céu

Pálido e em chamas,
Que lança seus monóxidos de carbono, nem por olhos
Embotados sob chapéus de feltro.

Meu Deus, o que eu devo ser
Para que essas bocas tardias se abram num grito
Numa floresta de frio, no amanhecer de centáureas?

**BERCK-PLAGE**


*1*

*This is the sea, then, this great abeyance.*
*How the sun's poultice draws on my inflammation.*

*Electrifyingly-colored sherbets, scooped from the freeze*
*By pale girls, travel the air in scorched hands.*

*Why is it so quiet, what are they hiding?*
*I have two legs, and I move smilingly.*

*A sandy damper kills the vibrations;*
*It stretches for miles, the shrunk voices*

*Waving and crutchless, half their old size.*
*The lines of the eye, scalded by these bald surfaces,*

*Boomerang like anchored elastics, hurting the owner.*
*Is it any wonder he puts on dark glasses?*

*Is it any wonder he affects a black cassock?*
*Here he comes now, among the mackerel gatherers*

*Who wall up their backs against him.*
*They are handling the black and green lozenges like the parts of a body.*

*The sea, that crystallized these,*
*Creeps away, many-snaked, with a long hiss of distress.*

## BERCK-PLAGE

1

Esse aqui é o mar, então, essa imensa suspensão.
O bálsamo do sol atrai minhas feridas.

Sorbets de cores eletrizantes, tirados do freezer
Por garotas pálidas, viajam em mãos chamuscadas.

Por que tanto silêncio, o que estão escondendo?
Tenho duas pernas e caminho sorrindo.

Um tapete de areia amortece a vibração;
Quilômetros a fio de areia — vozes ao longe

Flutuam em ondas, quase inaudíveis.
O olhar, escaldado pelas superfícies lisas, volta

Num efeito bumerangue, elástico ancorado, e fere seu dono.
Não é de admirar que ele use óculos escuros.

Não é de admirar que esteja com uma batina escura.
Aí vem ele, em meio aos pescadores de cavalinha, que lhe

Viram as costas. Estão brincando com losangos
Pretos e verdes como se fossem partes de um corpo.

O mar, depois de cristalizar cada um, recua
Cheio de serpentes, com um longo assobio de dor.

2

*This black boot has no mercy for anybody.*
*Why should it, it is the hearse of a dead foot,*

*The high, dead, toeless foot of this priest*
*Who plumbs the well of his book,*

*The bent print bulging before him like scenery.*
*Obscene bikinis hide in the dunes,*

*Breasts and hips a confectioner's sugar*
*Of little crystals, titillating the light,*

*While a green pool opens its eye,*
*Sick with what it has swallowed—*

*Limbs, images, shrieks. Behind the concrete bunkers*
*Two lovers unstick themselves.*

*O white sea-crockery,*
*What cupped sighs, what salt in the throat...*

*And the onlooker, trembling,*
*Drawn like a long material*

*Through a still virulence,*
*And a weed, hairy as privates.*

## 2

Essa bota preta não tem pena de ninguém.
Por que teria?, se ela é o carro fúnebre de um pé morto,

Nobre pé, morto e sem dedos, do padre
Que explora seu livro como um poço,

Diante dele as páginas erguidas feito paisagem.
Biquínis obscenos se escondem nas dunas,

Seios e ancas de açúcar de confeiteiro
Com pequenos cristais afagando a luz,

Enquanto uma piscina esverdeada abre os olhos,
Enjoada por tudo que engoliu —

Pernas, cenas, gritos. Atrás do bunker de concreto
Dois amantes se descolam.

Ó louça branca marítima,
Quantos suspiros contidos, quanto sal na garganta...

E o espectador, trêmulo,
Esticado feito um pano,

Imerso na virulência calma,
E uma alga, peluda como um púbis.

3

On the balconies of the hotel, things are glittering.
Things, things—

Tubular steel wheelchairs, aluminum crutches.
Such salt-sweetness. Why should I walk

Beyond the breakwater, spotty with barnacles?
I am not a nurse, white and attendant,

I am not a smile.
These children are after something, with hooks and cries,

And my heart too small to bandage their terrible faults.
This is the side of a man: his red ribs,

The nerves bursting like trees, and this is the surgeon:
One mirrory eye—

A facet of knowledge.
On a striped mattress in one room

An old man is vanishing.
There is no help in his weeping wife.

Where are the eye-stones, yellow and valuable,
And the tongue, sapphire of ash.

3

Nas sacadas do hotel, as coisas brilham.
Coisas, coisas, coisas —

Cadeiras de roda de aço, muletas de alumínio.
Tanta doçura salina. Por que eu deveria andar além

Do quebra-mar, lugar cheio de cracas?
Não sou uma enfermeira, atenta, de branco.

Não sou um sorriso.
Essas crianças buscam algo, cheias de anzóis e gritos,

E meu coração é tão pequeno para curar seus disparates infantis.
Aqui temos um homem de lado: as costelas vermelhas

E os nervos em ramos, e aqui está o cirurgião:
O olho espelhado —

Uma faceta do conhecimento.
Num quarto, sobre o colchão listrado,

Um homem velho vai se apagando.
Sua mulher, aos prantos, não pode fazer nada.

Cadê as pedras dos olhos, amarelas e preciosas,
E a língua, safira de cinzas.

4

*A wedding-cake face in a paper frill.*
*How superior he is now.*

*It is like possessing a saint.*
*The nurses in their wing-caps are no longer so beautiful;*

*They are browning, like touched gardenias.*
*The bed is rolled from the wall.*

*This is what it is to be complete. It is horrible.*
*Is he wearing pajamas or an evening suit*

*Under the glued sheet from which his powdery beak*
*Rises so whitely unbuffeted?*

*They propped his jaw with a book until it stiffened*
*And folded his hands, that were shaking: goodbye, goodbye.*

*Now the washed sheets fly in the sun,*
*The pillow cases are sweetening.*

*It is a blessing, it is a blessing:*
*The long coffin of soap-colored oak,*

*The curious bearers and the raw date*
*Engraving itself in silver with marvelous calm.*

4

O rosto é um bolo de festa no papel crepom.
Agora ele tem um ar superior.

Como se possuído por um santo.
As enfermeiras, de branco, já não são tão belas;

Perdem o viço, como gardênias ao toque.
A cama foi levada para o meio do quarto.

Ser completo é isso. É horrível.
Será que está de pijama ou de terno sob

O lençol grudento, de onde o nariz maquiado
Assoma tão branco, imaculado?

Puseram um livro para firmar o queixo
E cruzaram as mãos que diziam: adeus, adeus.

Agora os lençóis limpos voam ao sol,
As fronhas são purificadas.

Que bênção, que bênção:
O caixão comprido de carvalho sendo levado

Por homens estranhos, e uma data gravada
Em prata no caixão com extraordinária calma.

*5*

*The gray sky lowers, the hills like a green sea*
*Run fold upon fold far off, concealing their hollows,*

*The hollows in which rock the thoughts of the wife—*
*Blunt, practical boats*

*Full of dresses and hats and china and married daughters.*
*In the parlor of the stone house*

*One curtain is flickering from the open window,*
*Flickering and pouring, a pitiful candle.*

*This is the tongue of the dead man: remember, remember.*
*How far he is now, his actions*

*Around him like livingroom furniture, like a décor.*
*As the pallors gather—*

*The pallors of hands and neighborly faces,*
*The elate pallors of flying iris.*

*They are flying off into nothing: remember us.*
*The empty benches of memory look over stones,*

*Marble façades with blue veins, and jelly-glassfuls of daffodils.*
*It is so beautiful up here: it is a stopping place.*

5

O céu cinzento pesa, os morros como um mar esverdeado
Desdobram-se ao longe, escondendo suas fendas,

Fendas que embalam os pensamentos da esposa —
Barcos práticos e simples

Cheios de vestidos e chapéus e louças e filhas casadas.
Na sala de visitas da casa de pedra

Uma cortina ondula na janela aberta,
Ondula e derrama, vela lamentável.

Esta é a língua do homem morto: lembrem, lembrem.
Ele está longe agora, os gestos que fazia

São móveis na sala de estar, apenas decoração.
Enquanto isso, a palidez avança —

A palidez das mãos, dos rostos familiares
A palidez exultante das retinas em fuga.

Em fuga rumo a nada: lembrem-se de nós.
Os bancos vazios da memória observam as pedras,

As fachadas de mármore com veios azuis e os vasos de narcisos
                                                      [amarelos.
É tão bonito aqui de cima: lugar para um respiro.

6

*The natural fatness of these lime leaves!—*
*Pollarded green balls, the trees march to church.*

*The voice of the priest, in thin air,*
*Meets the corpse at the gate,*

*Addressing it, while the hills roll the notes of the dead bell;*
*A glitter of wheat and crude earth.*

*What is the name of that color?—*
*Old blood of caked walls the sun heals,*

*Old blood of limb stumps, burnt hearts.*
*The widow with her black pocketbook and three daughters,*

*Necessary among the flowers,*
*Enfolds her face like fine linen,*

*Not to be spread again.*
*While a sky, wormy with put-by smiles,*

*Passes cloud after cloud.*
*And the bride flowers expend a freshness,*

*And the soul is a bride*
*In a still place, and the groom is red and forgetful, he is featureless.*

6

Como são espessas essas folhas de limão! —
Bolas verdes podadas, as árvores conduzem à igreja.

A voz do padre recebe o cadáver,
O ar é rarefeito

E os morros ecoam as badaladas fúnebres;
Resplendor de trigo e terra crua.

Qual o nome desta cor? —
Sangue velho nas paredes caiadas que o sol cura,

Sangue velho de membros cortados, corações queimados.
A viúva com sua carteira preta e três filhas,

Inevitável em meio às flores,
Cobre o rosto feito linho fino

Para não se desfazer de novo.
E então o céu, infestado de sorrisos suspensos,

Passa, nuvem atrás de nuvem.
E as flores da noiva gastam seu brilho,

E a alma é uma noiva
Num lugar calmo, e o noivo é vermelho e inexpressivo.

*7*

*Behind the glass of this car*
*The world purrs, shut-off and gentle.*

*And I am dark-suited and still, a member of the party,*
*Gliding up in low gear behind the cart.*

*And the priest is a vessel,*
*A tarred fabric, sorry and dull,*

*Following the coffin on its flowery cart like a beautiful woman,*
*A crest of breasts, eyelids and lips*

*Storming the hilltop.*
*Then, from the barred yard, the children*

*Smell the melt of shoe-blacking,*
*Their faces turning, wordless and slow,*

*Their eyes opening*
*On a wonderful thing—*

*Six round black hats in the grass and a lozenge of wood,*
*And a naked mouth, red and awkward.*

*For a minute the sky pours into the hole like plasma.*
*There is no hope, it is given up.*

7

Atrás do vidro do carro
O mundo ronrona, isolado e brando.

Estou de preto, tranquila, faço parte do grupo,
Deslizo em marcha lenta atrás do cortejo.

O padre é um barco,
Tecido de alcatrão, triste e taciturno, seguindo

O caixão coberto de flores como se fosse uma linda mulher,
A crista de seios, pálpebras e lábios

Avança no alto do morro.
Então, no pátio cercado, as crianças sentem

O cheiro de graxa de sapato
E viram o rosto devagar, sem palavras,

Olhos arregalados
Para uma coisa magnífica —

Seis chapéus pretos na grama, um losango de madeira,
E uma boca vazia, vermelha e monstruosa.

De repente o céu entorna para dentro da cova feito plasma.
Acabou a esperança, aqui é o fim.

**ARIEL**

*Stasis in darkness.*
*Then the substanceless blue*
*Pour of tor and distances.*

*God's lioness,*
*How one we grow,*
*Pivot of heels and knees! — The furrow*

*Splits and passes, sister to*
*The brown arc*
*Of the neck I cannot catch,*

*Nigger-eye*
*Berries cast dark*
*Hooks—*

*Black sweet blood mouthfuls,*
*Shadows.*
*Something else*

*Hauls me through air—*
*Thighs, hair;*
*Flakes from my heels.*

*White*
*Godiva, I unpeel—*
*Dead hands, dead stringencies.*

## ARIEL

Pausa no escuro.
Depois um jorro azul impreciso
Feito de rochedos e lonjura.

Leoa divina,
Somos só uma,
Eixo de joelhos e calcanhares! — O sulco

Se abre e vai adiante, ao lado
Do arco pardo
Do pescoço que não alcanço,

Olhos de
Jabuticaba lançam anzóis
Escuros —

Sombras, respingos de um sangue preto
E espesso.
Outra coisa

Me arrasta pelo ar —
Pernas, cabeleira;
O calcanhar a descamar.

Godiva
Branca, vou me desfolhando —
Mãos mortas, dogmas mortos.

*And now I*
*Foam to wheat, a glitter of seas.*
*The child's cry*

*Melts in the wall.*
*And I*
*Am the arrow,*

*The dew that flies*
*Suicidal, at one with the drive*
*Into the red*

*Eye, the cauldron of morning.*

Agora sou
A espuma do trigo, o brilho do mar.
O choro da criança

Derrete na parede.
E eu sou
A flecha,

O orvalho suicida
Que se lança pronto para um
Mergulho dentro do

Olho vermelho, no caldeirão da manhã.

## DEATH & CO.


Two, of course there are two.
It seems perfectly natural now—
The one who never looks up, whose eyes are lidded
And balled, like Blake's,
Who exhibits

The birthmarks that are his trademark —
The scald scar of water,
The nude
Verdigris of the condor.
I am red meat. His beak

Caps sidewise: I am not his yet.
He tells me how badly I photograph.
He tells me how sweet
The babies look in their hospital
Icebox, a simple

Frill at the neck,
Then the flutings of their Ionian
Death-gowns,
Then two little feet.
He does not smile or smoke.

The other does that,
His hair long and plausive.
Bastard

## MORTE & CIA.

Dois, é claro que são dois.
Parece tão óbvio agora —
Um nunca olha para cima, com olhos cerrados sob
A pálpebra, como os de Blake,
E mostra as marcas

De nascença como sua marca registrada —
A cicatriz de água fervente,
O nítido
Verdigris do condor.
Eu sou carne sangrenta e ele me cutuca

Com o bico: ainda não sou dele.
Diz que não sou fotogênica.
Diz que os bebês são
Fofinhos no frigorífico
Do hospital, um simples

Babado no pescoço
E as ranhuras jônicas
Da camisola mortuária,
Além dos pezinhos.
Ele não sorri nem fuma.

O outro, sim.
Cabelo comprido e notável.
Sacana

*Masturbating a glitter,*
*He wants to be loved.*

*I do not stir.*
*The frost makes a flower,*
*The dew makes a star,*
*The dead bell,*
*The dead bell.*

*Somebody's done for.*

Masturba todo o seu glamour,
Ele quer ser amado.

Eu sigo firme.
O frio cria uma flor,
O sereno cria uma estrela,
O sino da morte,
O sino da morte.

Alguém acabou.

## NICK AND THE CANDLESTICK

*I am a miner. The light burns blue.*
*Waxy stalactites*
*Drip and thicken, tears*

*The earthen womb*
*Exudes from its dead boredom.*
*Black bat airs*

*Wrap me, raggy shawls,*
*Cold homicides.*
*They weld to me like plums.*

*Old cave of calcium*
*Icicles, old echoer.*
*Even the newts are white,*

*Those holy Joes.*
*And the fish, the fish—*
*Christ! they are panes of ice,*

*A vice of knives,*
*A piranha*
*Religion, drinking*

*Its first communion out of my live toes.*
*The candle*
*Gulps and recovers its small altitude,*

## NICK E O CASTIÇAL

Trabalho na mina. A luz arde azul.
Estalactites de cera
Gotejam e se adensam, lágrimas

Que o ventre da terra
Expele do seu tédio mortal.
Lufadas negras de morcego

Me envolvem, xales esfarrapados,
Assassinos frios.
Colam em mim, grudentos.

Antiga caverna com pingentes
De cálcio, caixa de ressonância.
Até as salamandras são brancas,

Serzinhos sagrados.
E os peixes, os peixes —
Meu Deus! São vidraças de gelo,

Uma espécie de faca,
Uma religião
De piranhas que sugam

Sua primeira comunhão nos dedos dos meus pés.
A vela
Engole e recobra a baixa altitude,

*Its yellows hearten.*
*O love, how did you get here?*
*O embryo*

*Remembering, even in sleep,*
*Your crossed position.*
*The blood blooms clean*

*In you, ruby.*
*The pain*
*You wake to is not yours.*

*Love, love,*
*I have hung our cave with roses,*
*With soft rugs—*

*The last of Victoriana.*
*Let the stars*
*Plummet to their dark address,*

*Let the mercuric*
*Atoms that cripple drip*
*Into the terrible well,*

*You are the one*
*Solid the spaces lean on, envious.*
*You are the baby in the barn.*

Seu ânimo amarelado.
Meu amor, como você veio parar aqui?
Ó embrião

Que se lembra, mesmo dormindo,
Da posição atravessada.
O sangue brota imaculado

Em você, rubi.
A dor
Que te acorda não é sua.

Amor, meu amor,
Eu enfeitei nossa caverna com rosas
E tapetes macios —

Relíquias vitorianas.
Que as estrelas
Mergulhem em lugares desconhecidos,

E os átomos de mercúrio,
Tóxicos, pinguem dentro do
Poço terrível.

Você é a única viga sólida
Na qual os espaços se apoiam, invejosos.
Você é o menino no celeiro.

## GULLIVER

Over your body the clouds go
High, high and icily
And a little flat, as if they

Floated on a glass that was invisible.
Unlike swans,
Having no reflections;

Unlike you,
With no strings attached.
All cool, all blue. Unlike you—

You, there on your back,
Eyes to the sky.
The spider-men have caught you,

Winding and twining their petty fetters,
Their bribes—
So many silks.

How they hate you.
They converse in the valley of your fingers, they are inchworms.
They would have you sleep in their cabinets,

This toe and that toe, a relic.
Step off!
Step off seven leagues, like those distances

**GULLIVER**

Sobre o seu corpo as nuvens passam
No alto, bem no alto,
Geladas, um pouco achatadas,

Como se pairassem sobre um vidro invisível.
Não são como os cisnes,
Não têm reflexos;

Não são como você,
Não têm amarras.
Estão no frio, no azul. Não são como você —

Que fica aí deitado,
De olho no céu.
Capturado por homens-aranhas,

Que enrolaram suas frágeis correntes,
Seus subornos —
Tantas sedas.

Eles te odeiam.
São vermezinhos conversando no oco da sua mão.
Queriam que você dormisse em seus gabinetes.

Um dedo do pé aqui, outro acolá, só relíquias.
Suma daqui!
Suma já, a umas sete léguas, a uma distância

*That revolve in Crivelli, untouchable.*
*Let this eye be an eagle,*
*The shadow of this lip, an abyss.*

Inacessível, como nas pinturas de Crivelli.
Que seu olho se transforme em águia,
E a sombra do lábio, num abismo.

**GETTING THERE**

*How far is it?*
*How far is it now?*
*The gigantic gorilla interior*
*Of the wheels move, they appall me—*
*The terrible brains*
*Of Krupp, black muzzles*
*Revolving, the sound*
*Punching out Absence! like cannon.*
*It is Russia I have to get across, it is some war or other.*
*I am dragging my body*
*Quietly through the straw of the boxcars.*
*Now is the time for bribery.*
*What do wheels eat, these wheels*
*Fixed to their arcs like gods,*
*The silver leash of the will—*
*Inexorable. And their pride!*
*All the gods know is destinations.*
*I am a letter in this slot—*
*I fly to a name, two eyes.*
*Will there be fire, will there be bread?*
*Here there is such mud.*
*It is a trainstop, the nurses*
*Undergoing the faucet water, its veils, veils in a nunnery,*
*Touching their wounded,*
*The men the blood still pumps forward,*
*Legs, arms piled outside*
*The tent of unending cries—*
*A hospital of dolls.*

## CHEGANDO

Falta muito?
E agora, falta muito?
Como o interior de um gorila, essas
Rodas se movem e me apavoram —
Cérebros terríveis
Dos Krupp, focinhos pretos
Girando, o som que marca
O ponto de Ausência! Como um canhão.
Devo atravessar a Rússia, uma guerra ou outra.
Arrasto meu corpo
Em silêncio, em meio à palha dos vagões.
É um tempo corrompido.
O que as rodas comem, essas rodas
Presas em arcos, que lembram deuses,
Com correias prateadas de desejo —
Inexoráveis. São tão orgulhosas!
Os deuses só entendem de destinos.
Eu sou uma carta — que voa
Na direção de um nome, de dois olhos.
Haverá nesse lugar fogo e pão?
Aqui há tanta lama.
Uma parada de trem agora, as enfermeiras
Usam a água da torneira, com seus véus de convento
Para tratar dos feridos,
Homens ainda impelidos por sangue,
Pernas, braços empilhados fora
Dessa tenda de gritos sem fim —
Um hospital de bonecas.

*And the men, what is left of the men*
*Pumped ahead by these pistons, this blood*
*Into the next mile,*
*The next hour—*
*Dynasty of broken arrows!*

*How far is it?*
*There is mud on my feet,*
*Thick, red and slipping. It is Adam's side,*
*This earth I rise from, and I in agony.*
*I cannot undo myself, and the train is steaming.*
*Steaming and breathing, its teeth*
*Ready to roll, like a devil's.*
*There is a minute at the end of it*
*A minute, a dewdrop.*
*How far is it?*
*It is so small*
*The place I am getting to, why are there these obstacles—*
*The body of this woman,*
*Charred skirts and deathmask*
*Mourned by religious figures, by garlanded children.*
*And now detonations—*
*Thunder and guns.*
*The fire's between us.*
*Is there no still place*
*Turning and turning in the middle air,*
*Untouched and untouchable.*
*The train is dragging itself, it is screaming—*
*An animal*
*Insane for the destination,*
*The bloodspot,*
*The face at the end of the flare.*

E os homens, o que restou deles,
Movidos por esses pistões, por esse sangue
Pelo quilômetro seguinte,
Pela hora seguinte —
Uma dinastia de flechas quebradas!

Falta muito?
Meus pés cheios de lama,
Lama espessa, vermelha, escorregadia. É a casa de Adão
Essa terra de onde saio agoniada.
Não consigo me recuperar, e o trem solta fumaça.
Solta fumaça e respira, os dentes
Prontos para rodar, como os do diabo.
No fim haverá um minuto,
Um minuto, uma gota de orvalho.
Falta muito?
É tão pequeno
O lugar aonde vou, por que tantos obstáculos —
O corpo dessa mulher,
Com a roupa carbonizada e a máscara mortuária,
Em torno dela, o luto, figuras religiosas, crianças de grinalda.
E agora essas explosões —
Trovões e armas.
O fogo entre nós.
Não haverá um lugar calmo
Girando, girando no ar,
Intacto e intocável.
O trem se arrasta aos gritos —
Animal
Louco para chegar ao destino,
A mancha de sangue,
O rosto quando o clarão se apaga.

*I shall bury the wounded like pupas,*
*I shall count and bury the dead.*
*Let their souls writhe in a dew,*
*Incense in my track.*
*The carriages rock, they are cradles.*
*And I, stepping from this skin*
*Of old bandages, boredoms, old faces*

*Step to you from the black car of Lethe,*
*Pure as a baby.*

Vou enterrar os feridos como crisálidas,
Vou contar e sepultar os mortos.
Que as almas se contorçam no orvalho
E permaneçam no meu rastro.
Os vagões balançam como berços.
E eu saio dessa pele
De velhos curativos, fardos, velhos rostos

E vou até você, deixo o barco preto do Lete
Pura como um bebê.

## **MEDUSA**

Off that landspit of stony mouth-plugs,
Eyes rolled by white sticks,
Ears cupping the sea's incoherences,
You house your unnerving head—God-ball,
Lens of mercies,

Your stooges
Plying their wild cells in my keel's shadow,
Pushing by like hearts,
Red stigmata at the very center,
Riding the rip tide to the nearest point of departure,

Dragging their Jesus hair.
Did I escape, I wonder?
My mind winds to you
Old barnacled umbilicus, Atlantic cable,
Keeping itself, it seems, in a state of miraculous repair.

In any case, you are always there,
Tremulous breath at the end of my line,
Curve of water upleaping
To my water rod, dazzling and grateful,
Touching and sucking.

I didn't call you.
I didn't call you at all.
Nevertheless, nevertheless

## MEDUSA

Perto da restinga formada de pedras,
Os olhos revirados são dois feixes brancos,
Orelhas à escuta de absurdos marítimos,
Você e sua cabeça desconcertante — esfera divina,
Retina piedosa,

Seus fantoches
Navegam à sombra da minha quilha,
Bombeiam feito um coração,
Bem no meio, o estigma vermelho,
Indo a contrapelo até o ponto de partida,

Arrastando a cabeleira de Jesus.
Será que consegui fugir?, pergunto.
Meu pensamento vai até você,
Velho umbigo cheio de cracas, cabo transatlântico,
Conservado, parece, por milagre.

De todo modo, você está sempre lá,
Fôlego trêmulo no fim da linha,
Curva de água que sobe até
Meu bastão d'água, deslumbrante e grata,
Tocando e sugando.

Não chamei você.
Não chamei você aqui.
No entanto, no entanto,

*You steamed to me over the sea,*
*Fat and red, a placenta*

*Paralysing the kicking lovers.*
*Cobra light*
*Squeezing the breath from the blood bells*
*Of the fuchsia. I could draw no breath,*
*Dead and moneyless,*

*Overexposed, like an X-ray.*
*Who do you think you are?*
*A Communion wafer? Blubbery Mary?*
*I shall take no bite of your body,*
*Bottle in which I live,*

*Ghastly Vatican.*
*I am sick to death of hot salt.*
*Green as eunuchs, your wishes*
*Hiss at my sins.*
*Off, off, eely tentacle!*

*There is nothing between us.*

Você veio pelo mar, veio até mim,
Imensa placenta vermelha

Que paralisa os amantes exaltados.
Brilho de cobra
Que asfixia os sininhos rubros
Dos brincos-de-princesa. Eu já não podia respirar,
Morta que estava, e arruinada,

Superexposta feito um raio X.
Quem você pensa que é?
Uma hóstia consagrada? A Virgem carpideira?
Não vou arrancar nenhum pedaço do seu corpo,
Redoma na qual vivo,

Vaticano sinistro.
Estou farta do sal quente.
Eunucos inúteis, seus desejos
Sibilam para os meus pecados.
Fora, vá embora, seu tentáculo de enguia!

Não há nada entre nós.

## THE MOON AND THE YEW TREE

This is the light of the mind, cold and planetary.
The trees of the mind are black. The light is blue.
The grasses unload their griefs on my feet as if I were God,
Prickling my ankles and murmuring of their humility.
Fumy, spiritous mists inhabit this place
Separated from my house by a row of headstones.
I simply cannot see where there is to get to.

The moon is no door. It is a face in its own right,
White as a knuckle and terribly upset.
It drags the sea after it like a dark crime; it is quiet
With the O-gape of complete despair. I live here.
Twice on Sunday, the bells startle the sky—
Eight great tongues affirming the Resurrection.
At the end, they soberly bong out their names.

The yew tree points up. It has a Gothic shape.
The eyes lift after it and find the moon.
The moon is my mother. She is not sweet like Mary.
Her blue garments unloose small bats and owls.
How I would like to believe in tenderness—
The face of the effigy, gentled by candles,
Bending, on me in particular, its mild eyes.

I have fallen a long way. Clouds are flowering
Blue and mystical over the face of the stars.
Inside the church, the saints will be all blue,
Floating on their delicate feet over the cold pews,

## A LUA E O TEIXO

Essa é a luz da razão, fria e planetária.
As árvores da razão são pretas. A luz é azulada.
A grama entorna sua dor em mim como se eu fosse Deus,
Murmurando sua servidão e pinicando meus tornozelos.
Uma névoa inebriante ocupou esse lugar
Apartado da minha casa por uma fileira de lápides.
Não consigo ver onde vai dar.

A lua não é uma porta. É só fronte, toda branca
Feito o nó dos dedos, e tão, mas tão aflita.
Arrasta o mar como um crime sombrio; é calma,
Mas tem a boca em O por puro desespero. Eu moro aqui.
Aos domingos, por duas vezes os sinos assustam o céu —
Oito línguas grandiosas anunciam a Ressurreição.
No fim, elas entoam, muito sérias, cada nome.

O teixo aponta para o alto. Tem uma forma gótica.
Os olhos se erguem e encontram a lua.
A lua é minha mãe. Não é meiga como Maria.
Debaixo de seu manto azulado voam morcegos e corujas.
Queria tanto crer na ternura — esse
Rosto de efígie, apaziguado pela luz de velas,
Pousando em mim os olhos brandos.

Venho despencando de muito alto. Nuvens brotam
Azuis e místicas e cobrem as estrelas.
Dentro da igreja, os santos vão ficar azuis
E pairar, com pés delicados, por cima dos

*Their hands and faces stiff with holiness.*
*The moon sees nothing of this. She is bald and wild.*
*And the message of the yew tree is blackness—blackness and silence.*

Bancos frios, mãos e rostos tesos de santidade.
A lua não vê nada disso. É pura, selvagem.
E a mensagem do teixo é só breu — breu e silêncio.

## **A BIRTHDAY PRESENT**

*What is this, behind this veil, is it ugly, is it beautiful?*
*It is shimmering, has it breasts, has it edges?*

*I am sure it is unique, I am sure it is just what I want.*
*When I am quiet at my cooking I feel it looking, I feel it thinking*

*'Is this the one I am to appear for,*
*Is this the elect one, the one with black eye-pits and a scar?*

*Measuring the flour, cutting off the surplus,*
*Adhering to rules, to rules, to rules.*

*Is this the one for the annunciation?*
*My god, what a laugh!'*

*But it shimmers, it does not stop, and I think it wants me.*
*I would not mind if it was bones, or a pearl button.*

*I do not want much of a present, anyway, this year.*
*After all I am alive only by accident.*

*I would have killed myself gladly that time any possible way.*
*Now there are these veils, shimmering like curtains,*

*The diaphanous satins of a January window*
*White as babies' bedding and glittering with dead breath. O ivory!*

## PRESENTE DE ANIVERSÁRIO

Que é isto, atrás do véu, é feio, é bonito?
Cintila, tem peitos, tem pontas?

Com certeza é único, é justo o que quero.
Quando cozinho, sinto que me olha e pensa

"É para ela que fui destinado,
Será a eleita, com essas olheiras e uma cicatriz?

Pesa a farinha, corta as sobras,
Se adapta às regras, regras e mais regras.

Virá dela a anunciação?
Meu Deus, só rindo!"

Mesmo assim, cintila e vem vindo, acho que me quer.
Não me importaria se fosse osso, ou um botão de pérola.

Nem queria um presente esse ano.
Afinal, estou viva só por acaso.

Daquela vez teria me matado feliz, do jeito que desse.
Agora esses véus cintilam feito cortinas, cetim

Diáfano de uma janela de janeiro, branco como
Lençol de bebê reluzindo num sopro mortal. Ó marfim!

*It must be a tusk there, a ghost-column.*
*Can you not see I do not mind what it is.*

*Can you not give it to me?*
*Do not be ashamed — I do not mind if it is small.*

*Do not be mean, I am ready for enormity.*
*Let us sit down to it, one on either side, admiring the gleam,*

*The glaze, the mirrory variety of it.*
*Let us eat our last supper at it, like a hospital plate.*

*I know why you will not give it to me,*
*You are terrified*

*The world will go up in a shriek, and your head with it,*
*Bossed, brazen, an antique shield,*

*A marvel to your great-grandchildren.*
*Do not be afraid, it is not so.*

*I will only take it and go aside quietly.*
*You will not even hear me opening it, no paper crackle,*

*No falling ribbons, no scream at the end.*
*I do not think you credit me with this discretion.*

*If you only knew how the veils were killing my days.*
*To you they are only transparencies, clear air.*

*But my god, the clouds are like cotton.*
*Armies of them. They are carbon monoxide.*

Deve ser a presa de um bicho, uma coluna fantasma.
Não percebe que não me importo?

Não vai me dar o presente?
Ora — não me importo se for pequeno.

Não faça assim, estou pronta se for enorme.
Vamos ficar um de cada lado, para ver o brilho,

O lustro, o efeito espelhado.
Nosso último jantar será aqui, como num prato de hospital.

Por que você não me dá?
Tem medo

De que o mundo se rompa?, e sua cabeça vá junto,
Gravada em bronze, como um escudo antigo,

Um legado para os seus bisnetos.
Não tenha medo, não é assim.

Vou agora pegá-lo e levá-lo para um canto.
Você não vai sequer ouvir o barulho de papel,

Nem de fitas caindo, nada de grito no fim.
Você não acredita, mas eu sei ser discreta.

Se ao menos você soubesse que esses véus acabam comigo.
Para você, são só transparências, ar límpido.

Mas, meu Deus, as nuvens são algodões.
Tropas e mais tropas. Monóxido de carbono.

*Sweetly, sweetly I breathe in,*
*Filling my veins with invisibles, with the million*

*Probable motes that tick the years off my life.*
*You are silver-suited for the occasion. O adding machine—*

*Is it impossible for you to let something go and have it go whole?*
*Must you stamp each piece in purple,*

*Must you kill what you can?*
*There is this one thing I want today, and only you can give it to me.*

*It stands at my window, big as the sky.*
*It breathes from my sheets, the cold dead center*

*Where spilt lives congeal and stiffen to history.*
*Let it not come by the mail, finger by finger.*

*Let it not come by word of mouth, I should be sixty*
*By the time the whole of it was delivered, and too numb to use it.*

*Only let down the veil, the veil, the veil.*
*If it were death*

*I would admire the deep gravity of it, its timeless eyes.*
*I would know you were serious.*

*There would be a nobility then, there would be a birthday.*
*And the knife not carve, but enter*

*Pure and clean as the cry of a baby,*
*And the universe slide from my side.*

Inspiro lenta, lentamente,
Encho o corpo com essa coisa invisível, milhões de

Partículas de pó riscam os anos da minha vida.
Você veio vestido de gala. Quanto controle —

Por que não deixa as coisas fluírem?
Precisa sempre carimbar tudo de roxo,

Sempre eliminar o que pode?
Hoje desejo apenas uma coisa, e só você pode me dar.

Está na minha janela, colossal como o céu.
Respira nos meus lençóis, centro gelado e morto

Onde vidas desfeitas coagulam para a história.
Não quero que venha pelo correio, aos poucos.

Nem pela boca, uma palavra por vez, senão, quando terminar
De chegar, eu já terei sessenta anos, será tarde demais.

Apenas tire esse véu, véu, véu.
Se fosse a morte oculta,

Eu ia admirar o tom grave, os olhos eternos.
Eu saberia que você tinha sido sincero.

Haveria nobreza então, seria um aniversário.
A faca já não serviria para cortar, mas entraria

Pura e cristalina, um choro de bebê,
E o universo escaparia de mim.

**LETTER IN NOVEMBER**

Love, the world
Suddenly turns, turns color. The streetlight
Splits through the rat's-tail
Pods of the laburnum at nine in the morning.
It is the Arctic,

This little black
Circle, with its tawn silk grasses—babies' hair.
There is a green in the air,
Soft, delectable.
It cushions me lovingly.

I am flushed and warm.
I think I may be enormous,
I am so stupidly happy,
My wellingtons
Squelching and squelching through the beautiful red.

This is my property.
Two times a day
I pace it, sniffing
The barbarous holly with its viridian
Scallops, pure iron,

And the wall of old corpses.
I love them.
I love them like history.

## CARTA EM NOVEMBRO

Meu amor, de repente
O mundo muda, muda de cor. Às nove da manhã
A luz dos postes rompe as vagens do laburno
Pela pontinha que mais parece rabo de rato.
É o Ártico,

Pequeno círculo preto,
Com uma sedosa grama âmbar — cabelinho de bebê.
Há um verde no ar,
Leve, delicioso.
Que me conforta com ternura.

Estou corada e quente.
Talvez eu esteja enorme.
Me sinto estupidamente feliz,
Com minhas galochas piso
De poça em poça no vermelho esplêndido.

Esse lugar é meu.
Duas vezes por dia
Percorro tudo e sorvo
O azevinho, com suas vieiras
Em tons de verde, ferro puro,

E o muro de antigos cadáveres.
Gosto deles.
Gosto deles como história.

*The apples are golden,
Imagine it—*

*My seventy trees
Holding their gold-ruddy balls
In a thick gray death-soup,
Their million
Gold leaves metal and breathless.*

*O love, O celibate.
Nobody but me
Walks the waist-high wet.
The irreplaceable
Golds bleed and deepen, the mouths of Thermopylae.*

As maçãs são douradas,
Imagine só —

Minhas setenta árvores
Conservam as esferas rubro-douradas,
Imersas num lúgubre caldo cinzento,
Milhares de folhas
De ouro, metálicas, ofegantes.

Ó amor, ó celibato.
Caminho sozinha
Com água até a cintura.
O ouro não se renova
Ele sangra e afunda, nas gargantas de Termópilas.

**THE RIVAL**

*If the moon smiled, she would resemble you.*
*You leave the same impression*
*Of something beautiful, but annihilating.*
*Both of you are great light borrowers.*
*Her O-mouth grieves at the world; yours is unaffected,*

*And your first gift is making stone out of everything.*
*I wake to a mausoleum; you are here,*
*Ticking your fingers on the marble table, looking for cigarettes,*
*Spiteful as a woman, but not so nervous,*
*And dying to say something unanswerable.*

*The moon, too, abases her subjects,*
*But in the daytime she is ridiculous.*
*Your dissatisfactions, on the other hand,*
*Arrive through the mailslot with loving regularity,*
*White and blank, expansive as carbon monoxide.*

*No day is safe from news of you,*
*Walking about in Africa maybe, but thinking of me.*

**A RIVAL**

Se a lua sorrisse, pareceria você.
Você dá a mesma impressão
De beleza, mas também de extermínio.
Vocês são peritas em pegar a luz emprestada.
A boca dela chora pelo mundo; já a sua é indiferente,

Seu dom é transformar tudo em pedra.
Eu acordo num mausoléu; e você está aqui:
Batuca a mesa de mármore, busca um cigarro,
Cheia de rancor feminino, mas não tão tensa,
E sedenta para ter a palavra final.

A lua também rebaixa os súditos,
Mas de dia é ridícula.
Seus dissabores, por outro lado,
Chegam pelo correio com regularidade e zelo.
Brancos, vazios, dilatados como monóxido de carbono.

Não há um dia sem notícias suas,
Passeando por aí, talvez pela África, mas pensando em mim.

**DADDY**

You do not do, you do not do
Any more, black shoe
In which I have lived like a foot
For thirty years, poor and white,
Barely daring to breathe or Achoo.

Daddy, I have had to kill you.
You died before I had time—
Marble-heavy, a bag full of God,
Ghastly statue with one gray toe
Big as a Frisco seal

And a head in the freakish Atlantic
Where it pours bean green over blue
In the waters off beautiful Nauset.
I used to pray to recover you.
Ach, du.

In the German tongue, in the Polish town
Scraped flat by the roller
Of wars, wars, wars.
But the name of the town is common.
My Polack friend

Says there are a dozen or two.
So I never could tell where you
Put your foot, your root,

**PAIZINHO**

Já não te aturo, já não te aturo,
Sapato espúrio,
No qual vivi feito pé em apuro,
Pálida e pobre, por trinta anos,
Até para respirar era duro.

Paizinho, eu devia ter te matado, juro,
Mas você partiu antes da hora —
Mármore pesado, Deus multiplicado,
Estátua medonha de mau augúrio,
Imensa como uma foca,

E a cabeça no Atlântico excêntrico
Entorna tons de verde no azul-escuro
Das águas da bela Nauset.
Sempre rezei para te resgatar do entulho.
*Ach, du.*

Nessa língua alemã, numa cidade polonesa,
Arrasada pelo rolo compressor
De guerras, guerras e guerras.
Mas a cidade tem um nome comum.
Um amigo polonês

Diz que deve haver uma porção.
Por isso nunca sei onde mergulho
Para achar suas raízes, seu casulo.

*I never could talk to you.*
*The tongue stuck in my jaw.*

*It stuck in a barb wire snare.*
*Ich, ich, ich, ich,*
*I could hardly speak.*
*I thought every German was you.*
*And the language obscene*

*An engine, an engine*
*Chuffing me off like a Jew.*
*A Jew to Dachau, Auschwitz, Belsen.*
*I began to talk like a Jew.*
*I think I may well be a Jew.*

*The snows of the Tyrol, the clear beer of Vienna*
*Are not very pure or true.*
*With my gipsy ancestress and my weird luck*
*And my Taroc pack and my Taroc pack*
*I may be a bit of a Jew.*

*I have always been scared of you,*
*With your Luftwaffe, your gobbledygoo.*
*And your neat mustache*
*And your Aryan eye, bright blue.*
*Panzer-man, panzer-man, O You—*

*Not God but a swastika*
*So black no sky could squeak through.*
*Every woman adores a Fascist,*
*The boot in the face, the brute*
*Brute heart of a brute like you.*

Nunca falei com você: nem por murmúrio
A língua ficou presa na minha boca.

Prendeu no arame farpado
*Ich, ich, ich, ich.*
Mal conseguia falar.
Eu via você em qualquer alemão.
E a linguagem obscena era

Um motor, motor que
Me despachava como uma judia.
Judia indo para Auschwitz, Belsen, Dachau.
Passei a falar como judia.
Bem que eu podia ser judia.

A neve do Tirol e a cerveja clara de Viena
Têm algo de impuro.
Com uma avó cigana e um destino duro,
E meu jogo de tarô e meu jogo de tarô,
Devo ter algo de judia.

*Você* sempre me assustou,
Com seu Luftwaffe, seu blablablu.
Um bigode retinho
O olhar ariano e azul,
Homem-tanque, homem-tanque, ora, você —

Nada de Deus, mas uma suástica
Tão escura que nem o céu a suportava.
Toda mulher gosta de um fascista,
O coturno no rosto, o coração bruto,
Tão bruto como você, bruto bruto.

*You stand at the blackboard, daddy,
In the picture I have of you,
A cleft in your chin instead of your foot
But no less a devil for that, no not
Any less the black man who*

*Bit my pretty red heart in two.
I was ten when they buried you.
At twenty I tried to die
And get back, back, back to you.
I thought even the bones would do.*

*But they pulled me out of the sack,
And they stuck me together with glue.
And then I knew what to do.
I made a model of you,
A man in black with a Meinkampf look*

*And a love of the rack and the screw.
And I said I do, I do.
So daddy, I'm finally through.
The black telephone's off at the root,
The voices just can't worm through.*

*If I've killed one man, I've killed two—
The vampire who said he was you
And drank my blood for a year,
Seven years, if you want to know.
Daddy, you can lie back now.*

*There's a stake in your fat black heart
And the villagers never liked you.*

Você está de frente para o quadro-negro, paizinho,
Na foto que tenho sua,
A covinha no queixo e não no pé,
Mas nem por isso menos endiabrado, não, não,
Nada menos que o homem negro que

Partiu meu rubro coração em dois.
Eu tinha dez anos quando te enterraram.
Aos vinte, tentei morrer
E assim voltar, voltar para você.
Achei que até meus ossos fariam isso.

Mas me tiraram do saco,
Me refizeram com cola.
E descobri, então, o que eu devia fazer.
Criei um protótipo seu,
Um homem de preto com olhar *Meinkampf*

E uma queda por instrumentos de tortura.
Então eu disse, eu aturo, eu aturo,
Paizinho, agora acabou.
O telefone preto está lá fora, no escuro,
As vozes não conseguem passar.

Se matei um homem, então foram dois —
Também o vampiro que disse que era você
E bebeu meu sangue por um ano,
Aliás, por sete anos, para ser precisa.
Paizinho, agora pode se deitar outra vez.

No seu coração preto e volumoso há uma estaca.
Os aldeões nunca gostaram de você.

*They are dancing and stamping on you.
They always knew it was you.
Daddy, daddy, you bastard, I'm through.*

Eles dançam e pisam em você.
Eles sempre *souberam* que era você.
Paizinho, seu desgraçado, agora acabou.

## YOU'RE

*Clownlike, happiest on your hands,*
*Feet to the stars, and moon-skulled,*
*Gilled like a fish. A common-sense*
*Thumbs-down on the dodo's mode.*
*Wrapped up in yourself like a spool,*
*Trawling your dark as owls do.*
*Mute as a turnip from the Fourth*
*Of July to All Fools' Day,*
*O high-riser, my little loaf.*

*Vague as fog and looked for like mail.*
*Farther off than Australia.*
*Bent-backed Atlas, our traveled prawn.*
*Snug as a bud and at home*
*Like a sprat in a pickle jug.*
*A creel of eels, all ripples.*
*Jumpy as a Mexican bean.*
*Right, like a well-done sum.*
*A clean slate, with your own face on.*

## VOCÊ É

O palhaço mais contente, em cima das
Mãos, os pés pro alto, cabeça-de-lua e
Guelras de peixe. O bom senso evita
Que viva como os pássaros extintos.
Todo enrolado, lembra um carretel,
Vasculhando o escuro como uma coruja.
Fica mudo feito um nabo, de Quatro de
Julho até Primeiro de Abril,
Ó glória, meu pãozinho de mel.

Neblina imprecisa, carta desejada.
Mais distante do que a Austrália.
Um atlas encurvado, camarãozinho viajado.
Protegido como botão de flor ao abrigo,
Aconchegado como sardinha em lata.
Cesto de enguias onduladas,
Saltita feito um feijão mexicano.
É exato, uma conta bem-feita.
Uma ardósia limpa com seu rosto refletido nela.

## **FEVER 103°**

Pure? What does it mean?
The tongues of hell
Are dull, dull as the triple

Tongues of dull, fat Cerberus
Who wheezes at the gate. Incapable
Of licking clean

The aguey tendon, the sin, the sin.
The tinder cries.
The indelible smell

Of a snuffed candle!
Love, love, the low smokes roll
From me like Isadora's scarves, I'm in a fright

One scarf will catch and anchor in the wheel.
Such yellow sullen smokes
Make their own element. They will not rise,

But trundle round the globe
Choking the aged and the meek,
The weak

Hothouse baby in its crib,
The ghastly orchid
Hanging its hanging garden in the air,

## 40° DE FEBRE

Pureza? O que quer dizer?
As línguas do inferno
São boçais feito as três

Línguas do boçal e imenso Cérbero
Que bufa na porta de entrada. Incapaz de aplacar,
Com uma lambida,

O tendão febril, o pecado, o pecado.
A chama chora.
E um cheiro que perdura

Do toco de uma vela!
Amor, meu amor, de mim sai uma
Fumaça feito a echarpe de Isadora, temo

Que se prenda no carro, numa das rodas.
Fumaça amarela e sombria
Cria um universo próprio. Não irá muito alto,

Apenas gira ao redor do círculo
Asfixiando o idoso e o submisso,
O frágil

Bebê bem quentinho no seu berço.
Lívida orquídea
Suspensa num jardim suspenso no ar,

*Devilish leopard!*
*Radiation turned it white*
*And killed it in an hour.*

*Greasing the bodies of adulterers*
*Like Hiroshima ash and eating in.*
*The sin. The sin.*

*Darling, all night*
*I have been flickering, off, on, off, on.*
*The sheets grow heavy as a lecher's kiss.*

*Three days. Three nights.*
*Lemon water, chicken*
*Water, water make me retch.*

*I am too pure for you or anyone.*
*Your body*
*Hurts me as the world hurts God. I am a lantern—*

*My head a moon*
*Of Japanese paper, my gold beaten skin*
*Infinitely delicate and infinitely expensive.*

*Does not my heat astound you. And my light.*
*All by myself I am a huge camellia*
*Glowing and coming and going, flush on flush.*

*I think I am going up,*
*I think I may rise—*
*The beads of hot metal fly, and I, love, I*

Leopardo diabólico!
A radiação a queimou
E a matou em uma hora.

Os corpos dos adúlteros foram untados
Como as cinzas de Hiroshima e devorados.
Pecado. Pecado.

Meu bem, passei a noite toda
Trêmula, acende, apaga, acende, apaga.
Os lençóis pesados como beijos obscenos.

Três dias. Três noites.
Água com limão, água
De frango, água que me enche de ânsia.

Sou pura demais para você ou para quem for.
Seu corpo
Me fere como o mundo fere Deus. Sou uma lanterna —

Minha cabeça uma lua
De papel japonês, minha pele dourada estuporada,
Infinitamente delicada e valiosa.

Será que minha quentura não te assusta? E minha luz?
Eu sou uma camélia imensa,
Brilhando, indo e vindo, corada, corada.

Acho que vou subir,
Acho que consigo ir alto —
As pecinhas de metal quente voam, e eu, meu amor, sou

*Am a pure acetylene*
*Virgin*
*Attended by roses,*

*By kisses, by cherubim,*
*By whatever these pink things mean.*
*Not you, nor him*

*Not him, nor him*
*(My selves dissolving, old whore petticoats)—*
*To Paradise.*

Uma virgem pura de
Acetileno
As rosas cuidam de mim,

E os beijos e o querubim,
Ou qualquer outra coisa cor-de-rosa.
Você não, nem ele,

Ele não, nem ele
(Meus vários eus se dissolvem, anáguas de putas velhas) —
Rumo ao Paraíso.

### THE BEE MEETING

*Who are these people at the bridge to meet me? They are the villagers—*
*The rector, the midwife, the sexton, the agent for bees.*
*In my sleeveless summery dress I have no protection,*
*And they are all gloved and covered, why did nobody tell me?*
*They are smiling and taking out veils tacked to ancient hats.*

*I am nude as a chicken neck, does nobody love me?*
*Yes, here is the secretary of bees with her white shop smock,*
*Buttoning the cuffs at my wrists and the slit from my neck to my knees.*
*Now I am milkweed silk, the bees will not notice.*
*They will not smell my fear, my fear, my fear.*

*Which is the rector now, is it that man in black?*
*Which is the midwife, is that her blue coat?*
*Everybody is nodding a square black head, they are knights in visors,*
*Breastplates of cheesecloth knotted under the armpits.*
*Their smiles and their voices are changing. I am led through a beanfield.*

*Strips of tinfoil winking like people,*
*Feather dusters fanning their hands in a sea of bean flowers,*
*Creamy bean flowers with black eyes and leaves like bored hearts.*
*Is it blood clots the tendrils are dragging up that string?*
*No, no, it is scarlet flowers that will one day be edible.*

*Now they are giving me a fashionable white straw Italian hat*
*And a black veil that molds to my face, they are making me one*
                                                    *[of them.*
*They are leading me to the shorn grove, the circle of hives.*

## REUNIÃO DAS ABELHAS

Quem são esses na ponte à minha espera? São do vilarejo —
O pároco, a parteira, o sacristão, o vendedor de abelhas.
Com meu vestido de alcinha, me sinto exposta,
E eles, encapotados, de luvas, por que não me avisaram?
Sorriem e levantam o véu de seus velhos chapéus.

Estou nua como pescoço de galinha, ninguém me ama?
Eis aqui a secretária das abelhas, de avental branco,
Abotoa meus punhos e a abertura à frente, do pescoço ao joelho.
Agora sou de fibra sedosa, as abelhas não vão me notar.
E nem sentir o cheiro do meu medo, não vão, não.

Quem é o pároco agora, o homem de preto?
Quem é a parteira, o casaco azul é dela?
Todos falam comigo, as cabeças pretas quadradas, cavaleiros
[de viseira
Com armaduras de tela presas debaixo do braço.
Sorrisos e vozes se transformaram. Sou levada a uma plantação.

Tiras de papel-alumínio piscam feito gente,
Espanadores abanam as mãos num mar de flores de feijão,
Flores macias com olhos pretos e folhas como corações entediados.
São coágulos de sangue pendurados nas trepadeiras?
Não, não, são flores rubras que um dia hão de ser comestíveis.

Agora me dão um chapéu de palha branca, estilo italiano,
E um véu preto para cobrir o rosto: viro parte do grupo.
Levam-me a um pomar, ao círculo de colmeias.

*Is it the hawthorn that smells so sick?*
*The barren body of hawthorn, etherizing its children.*

*Is it some operation that is taking place?*
*It is the surgeon my neighbors are waiting for,*
*This apparition in a green helmet,*
*Shining gloves and white suit.*
*Is it the butcher, the grocer, the postman, someone I know?*

*I cannot run, I am rooted, and the gorse hurts me*
*With its yellow purses, its spiky armory.*
*I could not run without having to run forever.*
*The white hive is snug as a virgin,*
*Sealing off her brood cells, her honey, and quietly humming.*

*Smoke rolls and scarves in the grove.*
*The mind of the hive thinks this is the end of everything.*
*Here they come, the outriders, on their hysterical elastics.*
*If I stand very still, they will think I am cow-parsley,*
*A gullible head untouched by their animosity,*

*Not even nodding, a personage in a hedgerow.*
*The villagers open the chambers, they are hunting the queen.*
*Is she hiding, is she eating honey? She is very clever.*
*She is old, old, old, she must live another year, and she knows it.*
*While in their fingerjoint cells the new virgins*

*Dream of a duel they will win inevitably,*
*A curtain of wax dividing them from the bride flight,*
*The upflight of the murderess into a heaven that loves her.*
*The villagers are moving the virgins, there will be no killing.*
*The old queen does not show herself, is she so ungrateful?*

Será que esse mau cheiro vem do espinheiro?
O corpo estéril do espinheiro anestesiando seus filhos.

Estão operando alguém?
Meus vizinhos aguardam um cirurgião,
Que chega de capacete verde,
Luvas resplandecentes, roupa branca.
É o açougueiro, o verdureiro, o carteiro, alguém que conheço?

Não consigo fugir, estou enraizada, e o junco me fere
Com suas bolsinhas amarelas, seu arsenal de espinhos.
Se começar a correr, terei que correr para sempre.
A colmeia branca parece uma virgem de tão protegida
Isola seus alvéolos, seu mel, e zumbe em silêncio.

Uma fumaça envolve todo o bosque.
O cérebro da colmeia acha que chegou o fim.
Aqui vêm vindo os vigias, em seus histéricos elásticos.
Se ficar quieta, vão achar que sou um arbusto,
Cabeça ingênua indiferente à hostilidade deles,

Que nem sequer acena, alguém numa cerca viva.
Os aldeões abrem as câmaras e caçam a rainha.
Ela está escondida? Está comendo mel? Ela é muito esperta.
E velha, tão tão velha, tem ainda de viver um ano, e sabe disso.
Enquanto isso, as novas virgens em células próximas

Sonham com o duelo do qual serão vencedoras,
Uma cortina de cera entre elas e o voo nupcial,
O voo da assassina rumo ao céu que a venera.
Os aldeões cutucam as virgens, não vai haver matança.
A velha rainha não dá as caras, será que é tão ingrata?

*I am exhausted, I am exhausted—*
*Pillar of white in a blackout of knives.*
*I am the magician's girl who does not flinch.*
*The villagers are untying their disguises, they are shaking hands.*
*Whose is that long white box in the grove, what have they accomplished,*
                              *[why am I cold.*

Estou exausta, exausta —
Uma fileira branca em meio às facas.
Eu sou a ajudante de mágico, aquela que não vacila.
Todos tiram suas fantasias, apertam-se as mãos,
De quem é a caixa branca no bosque, o que eles fizeram? Por
                                          [que sinto tanto frio?

## THE ARRIVAL OF THE BEE BOX

I ordered this, this clean wood box
Square as a chair and almost too heavy to lift.
I would say it was the coffin of a midget
Or a square baby
Were there not such a din in it.

The box is locked, it is dangerous.
I have to live with it overnight
And I can't keep away from it.
There are no windows, so I can't see what is in there.
There is only a little grid, no exit.

I put my eye to the grid.
It is dark, dark,
With the swarmy feeling of African hands
Minute and shrunk for export,
Black on black, angrily clambering.

How can I let them out?
It is the noise that appalls me most of all,
The unintelligible syllables.
It is like a Roman mob,
Small, taken one by one, but my god, together!

I lay my ear to furious Latin.
I am not a Caesar.
I have simply ordered a box of maniacs.

## A CHEGADA DA CAIXA DE ABELHAS

Encomendei essa caixa de madeira quadrada
Feito uma cadeira e pesada demais pra carregar.
Poderia ser um caixão de anão
Ou de um bebê quadrado
Não fosse o barulho que vem de lá.

A caixa está trancada, é perigosa.
Devo passar a noite com ela
E não posso me afastar.
Não tem janela, não posso ver dentro.
Não tem saída, só uma tela pequena.

Espio pela tela.
Breu, breu.
Sinto um enxame de mãos africanas
Marcadas e encolhidas para exportação,
Preto sobre preto escalando com fúria.

Como tirá-las daqui?
O pior de tudo é o zumbido,
Sílabas sem sentido.
Uma turba romana,
Inocente se penso uma por uma, mas todas reunidas, ó céus!

Ouço seu latim furioso.
Não sou César.
Só pedi essa caixa de fanáticas,

*They can be sent back.*
*They can die, I need feed them nothing, I am the owner.*

*I wonder how hungry they are.*
*I wonder if they would forget me*
*If I just undid the locks and stood back and turned into a tree.*
*There is the laburnum, its blond colonnades,*
*And the petticoats of the cherry.*

*They might ignore me immediately*
*In my moon suit and funeral veil.*
*I am no source of honey*
*So why should they turn on me?*
*Tomorrow I will be sweet God, I will set them free.*

*The box is only temporary.*

Mas podem ser devolvidas.
Podem morrer; não preciso dar comida, sou eu a dona.

Será que estão famintas?
Será que me esqueceriam
Se eu abrisse a caixa, me afastasse e virasse uma planta?
Uma chuva-dourada, com colunas amarelas de flores penduradas
E saias de cereja.

Talvez me ignorassem na hora,
Vestida de lua e véu de luto.
Afinal, não sou fonte de mel,
Por que me atacariam?
Amanhã viro uma Deusa boa e liberto todas de lá.

A caixa é apenas temporária.

**STINGS**

*Bare-handed, I hand the combs.*
*The man in white smiles, bare-handed,*
*Our cheesecloth gauntlets neat and sweet,*
*The throats of our wrists brave lilies.*
*He and I*

*Have a thousand clean cells between us,*
*Eight combs of yellow cups,*
*And the hive itself a teacup,*
*White with pink flowers on it,*
*With excessive love I enameled it*

*Thinking "Sweetness, sweetness".*
*Brood cells gray as the fossils of shells*
*Terrify me, they seem so old.*
*What am I buying, wormy mahogany?*
*Is there any queen at all in it?*

*If there is, she is old,*
*Her wings torn shawls, her long body*
*Rubbed of its plush—*
*Poor and bare and unqueenly and even shameful.*
*I stand in a column*

*Of winged, unmiraculous women,*
*Honey-drudgers.*
*I am no drudge*

## FERRÃO

Só com as mãos, passo os favos para ele.
O homem de branco sorri, sem nada nas mãos.
Nossas luvas de pano limpas e macias;
A garganta dos punhos, lírios corajosos.
Ele e eu,

Entre nós, temos mil alvéolos limpos,
Oito fileiras de xicrinhas amarelas,
E a própria colmeia, uma xícara de chá,
Branca, cheia de flores cor-de-rosa.
Com amor excessivo, eu a esmaltei

Pensando, "doce, doce, doce".
As células dos filhotes, cinza como fósseis de conchas,
Me aterrorizam, parecem tão antigas.
O que estou comprando, mogno bichado?
Há mesmo uma rainha aqui dentro?

Se houver, ela é velha,
As asas, feito xales rasgados, e o corpo longo
Que perdeu a pelúcia —
Pobre e nu, sem majestade, quase indigno.
Entrei numa fila

De mulheres aladas e nada milagrosas,
Escravas do mel.
Não sou escrava,

*Though for years I have eaten dust
And dried plates with my dense hair.*

*And seen my strangeness evaporate,
Blue dew from dangerous skin.
Will they hate me,
These women who only scurry,
Whose news is the open cherry, the open clover?*

*It is almost over.
I am in control.
Here is my honey-machine,
It will work without thinking,
Opening, in spring, like an industrious virgin*

*To scour the creaming crests
As the moon, for its ivory powders, scours the sea.
A third person is watching.
He has nothing to do with the bee-seller or with me.
Now he is gone*

*In eight great bounds, a great scapegoat.
Here is his slipper, here is another,
And here the square of white linen
He wore instead of a hat.
He was sweet,*

*The sweat of his efforts a rain
Tugging the world to fruit.
The bees found him out,
Molding onto his lips like lies,
Complicating his features.*

Embora durante anos tenha comido o pó da terra
E secado a louça com minha cabeleira.

E tenha visto evaporar minha esquisitice,
Orvalho azul se soltando da pele perigosa.
Será que elas vão me odiar,
Essas mulheres sempre com pressa,
Que só percebem a cerejeira em flor, a chegada dos trevos?

Está quase no fim.
Estou no controle.
É minha máquina de mel,
Ela vai trabalhar sem pestanejar,
E vai se abrir, na primavera, como uma virgem laboriosa

Para lustrar as cristas cremosas
Bem como a lua, com seu pó de marfim, lustra o mar.
Uma terceira pessoa observa.
Ele não tem nada a ver com o vendedor de abelhas ou comigo.
Agora ele se foi

Dando oito grandes pulos, o grande bode expiatório.
Aqui seu chinelo, ali outro,
E aqui o quadrado de linho branco
Que ele usava no lugar de chapéu.
Ele era doce,

O suor de seu labor é uma chuva
Que força o mundo a dar frutos.
As abelhas o encontraram,
Moldaram-se aos lábios dele como mentiras,
Desfigurando-lhe as feições.

*They thought death was worth it, but I
Have a self to recover, a queen.
Is she dead, is she sleeping?
Where has she been,
With her lion-red body, her wings of glass?*

*Now she is flying
More terrible than she ever was, red
Scar in the sky, red comet
Over the engine that killed her—
The mausoleum, the wax house.*

Elas achavam que a morte valia a pena, mas eu
Tenho um ser para salvar, uma rainha.
Ela está morta, está dormindo?
Para onde foi,
Com seu corpo de leão vermelho e asas de vidro?

Agora ela voa
Mais terrível que nunca, cicatriz
Vermelha no ar, cometa vermelho
Sobre a máquina que a matou —
O mausoléu, casa de cera.

**WINTERING**


This is the easy time, there is nothing doing.
I have whirled the midwife's extractor,
I have my honey,
Six jars of it,
Six cat's eyes in the wine cellar,

Wintering in a dark without window
At the heart of the house
Next to the last tenant's rancid jam
And the bottles of empty glitters—
Sir So-and-so's gin.

This is the room I have never been in.
This is the room I could never breathe in.
The black bunched in there like a bat,
No light
But the torch and its faint

Chinese yellow on appalling objects—
Black asininity. Decay.
Possession.
It is they who own me.
Neither cruel nor indifferent,

Only ignorant.
This is the time of hanging on for the bees—the bees
So slow I hardly know them,

## PASSANDO O INVERNO

Tempos calmos agora, nada a fazer.
Girei o fórceps da parteira,
Consegui meu mel,
Seis jarros cheios,
Seis olhos de gato na adega

Passando o inverno num breu sem janela,
Bem no coração da casa
Ao lado da geleia rançosa do último inquilino
E das garrafas sem brilho —
Gim do sr. Fulaninho.

Nesse quarto nunca entrei.
Nesse quarto nunca consegui respirar.
O escuro se aglomera ali como fazem os morcegos,
Nenhuma luz,
Só uma lanterna esmaecida

E amarelada sobre os objetos aterradores —
Estupidez sinistra. Ruínas.
Controle.
Na verdade, são eles que me possuem.
Não são cruéis nem indiferentes,

Apenas ignorantes.
É um tempo de espera para as abelhas — as abelhas
Seguem tão lentas que mal as reconheço,

*Filing like soldiers*
*To the syrup tin*

*To make up for the honey I've taken.*
*Tate and Lyle keeps them going,*
*The refined snow.*
*It is Tate and Lyle they live on, instead of flowers.*
*They take it. The cold sets in.*

*Now they ball in a mass,*
*Black*
*Mind against all that white.*
*The smile of the snow is white.*
*It spreads itself out, a mile-long body of Meissen,*

*Into which, on warm days,*
*They can only carry their dead.*
*The bees are all women,*
*Maids and the long royal lady.*
*They have got rid of the men,*

*The blunt, clumsy stumblers, the boors.*
*Winter is for women—*
*The woman, still at her knitting,*
*At the cradle of Spanish walnut,*
*Her body a bulb in the cold and too dumb to think.*

*Will the hive survive, will the gladiolas*
*Succeed in banking their fires*
*To enter another year?*
*What will they taste of, the Christmas roses?*
*The bees are flying. They taste the spring.*

Vão em fila como soldados
Diante do frasco de xarope

Que substitui o mel que agora é meu.
Elas se alimentam com Tate & Lyle,
Neve refinada.
Sobrevivem graças a essa poção açucarada, e não às flores.
Elas aceitam. O frio é mais intenso.

Agora se juntam num volume,
Razão negra
Contra todo esse branco.
O sorriso da neve é branco.
Ele se esparrama, vira um corpo extenso de porcelana.

E recebe, nos dias quentes,
Os mortos que elas conseguem carregar.
As abelhas são todas mulheres,
Donzelas ao lado de uma imensa senhora real.
Livraram-se dos homens,

Brutos, incompetentes desastrados, grosseiros.
O inverno é para as mulheres —
A mulher tricota tranquila,
No berço de nogueira espanhola,
O corpo é um bulbo no frio, embotado demais para pensar.

Será que a colmeia vai sobreviver e os gladíolos
Vão armazenar fogo suficiente
Para começar um ano novo?
Que gosto terão as rosas natalinas?
As abelhas estão voando. Já provam a primavera.

## THE HANGING MAN

*By the roots of my hair some god got hold of me.*
*I sizzled in his blue volts like a desert prophet.*

*The nights snapped out of sight like a lizard's eyelid:*
*A world of bald white days in a shadeless socket.*

*A vulturous boredom pinned me in this tree.*
*If he were I, he would do what I did.*

## O ENFORCADO

Algum deus me agarrou pelas raízes do cabelo.
Torrei com as descargas azuis feito um profeta no deserto.

As noites se desviaram da visão como a pálpebra de um lagarto:
Um mundo de dias brancos numa cavidade sem sombras.

Um tédio voraz me pregou nessa árvore.
Se ele fosse eu, teria feito o que eu fiz.

## LITTLE FUGUE

*The yew's black fingers wag;*
*Cold clouds go over.*
*So the deaf and dumb*
*Signal the blind, and are ignored.*

*I like black statements.*
*The featurelessness of that cloud, now!*
*White as an eye all over!*
*The eye of the blind pianist*

*At my table on the ship.*
*He felt for his food.*
*His fingers had the noses of weasels.*
*I couldn't stop looking.*

*He could hear Beethoven:*
*Black yew, white cloud,*
*The horrific complications.*
*Finger-traps—a tumult of keys.*

*Empty and silly as plates,*
*So the blind smile.*
*I envy the big noises,*
*The yew hedge of the Grosse Fuge.*

*Deafness is something else.*
*Such a dark funnel, my father!*

**PEQUENA FUGA**


O teixo agita os dedos pretos;
As nuvens frias passam no alto.
Também os surdos guiam
Os cegos, e são ignorados.

Adoro as mensagens sombrias.
A imprecisão daquelas nuvens agora!
Brancas como um olho!
O olho do pianista cego

Sentado em minha mesa neste barco.
Ele tateava buscando a comida.
Os dedos pareciam focinho de doninhas.
Eu não conseguia parar de olhar.

Ele conseguia ouvir Beethoven:
Teixo preto, nuvem branca,
Cada coisa complicada, assustadora.
Armadilha para os dedos — um tumulto de chaves.

Vazio e idiota como um prato,
O cego sorri.
Eu invejo os sons altos,
A cerca de teixos da *Grosse fuge*.

A surdez é outra coisa.
Uma espécie de funil escuro, pai!

*I see your voice*
*Black and leafy, as in my childhood,*

*A yew hedge of orders,*
*Gothic and barbarous, pure German.*
*Dead men cry from it.*
*I am guilty of nothing.*

*The yew my Christ, then.*
*Is it not as tortured?*
*And you, during the Great War*
*In the California delicatessen*

*Lopping the sausages!*
*They color my sleep,*
*Red, mottled, like cut necks.*
*There was a silence!*

*Great silence of another order.*
*I was seven, I knew nothing.*
*The world occurred.*
*You had one leg, and a Prussian mind.*

*Now similar clouds*
*Are spreading their vacuous sheets.*
*Do you say nothing?*
*I am lame in the memory.*

*I remember a blue eye,*
*A briefcase of tangerines.*
*This was a man, then!*
*Death opened, like a black tree, blackly.*

Eu vejo a sua voz,
Escura e frondosa, como em minha infância,

Uma fileira de teixos toda ordenada,
Gótica e bárbara, puro alemão.
Homens mortos gritam de lá.
Não tenho culpa de nada.

O teixo é meu Cristo, então.
Não vive sendo torturado?
E você, durante a Primeira Guerra,
Nos açougues da Califórnia,

Cortando salsichas!
Elas colorem meu sono,
Vermelhas, manchadas como pescoços cortados.
E havia um silêncio tão grande!

Era um silêncio de outra ordem.
Eu tinha sete anos, não conhecia nada.
O mundo passava.
Você tinha só uma perna, e uma cabeça prussiana.

Hoje em dia nuvens parecidas
Espalham seus lençóis vazios.
Você não tem nada a dizer?
Eu tenho a memória fraca.

Eu me lembro de um olho azul,
De uma maleta de tangerinas.
Era um homem, então!
A morte se abriu, árvore sombria e preta.

*I survive the while,*
*Arranging my morning.*
*These are my fingers, this my baby.*
*The clouds are a marriage dress, of that pallor.*

Por enquanto eu sobrevivo,
Organizando minha manhã.
Esses são meus dedos, esse é meu filho.
As nuvens, tão pálidas, são um vestido de casamento.

## **YEARS**

They enter as animals from the outer
Space of holly where spikes
Are not the thoughts I turn on, like a Yogi,
But greenness, darkness so pure
They freeze and are.

O God, I am not like you
In your vacuous black,
Stars stuck all over, bright stupid confetti.
Eternity bores me,
I never wanted it.

What I love is
The piston in motion—
My soul dies before it.
And the hooves of the horses,
Their merciless churn.

And you, great Stasis—
What is so great in that!
Is it a tiger this year, this roar at the door?
Is it a Christus,
The awful

God-bit in him
Dying to fly and be done with it?
The blood berries are themselves, they are very still.
The hooves will not have it,
In blue distance the pistons hiss.

**OS ANOS**

Eles chegam como animais vindos do espaço
Sideral de azevinhos com folhas pontudas
Que não são pensamentos que eu ativo, como um iogue,
Mas carregam um verdor, de um escuro tão puro
Que congelam e existem.

Ó meu Deus, não sou feito você
Em seu oco escuro,
Com estrelas fincadas, confetes cintilantes.
A eternidade me cansa,
Nunca quis saber dela.

O que eu amo de verdade é
A máquina em movimento —
Só de imaginar, minha alma deseja.
E o galope dos cavalos,
Num bate-bate implacável.

E você, grande pausa —
O que há de tão grande nisso?
Será um tigre esse ano que chega, rugindo, à porta?
É um Cristo,
Um terrível

Pedaço de Deus
Querendo voar e acabar com tudo?
Os frutinhos vermelhos são o que são, e estão quietos.
Não vão se entregar ao galope.
No horizonte azul, a máquina assobia.

## THE MUNICH MANNEQUINS

*Perfection is terrible, it cannot have children.*
*Cold as snow breath, it tamps the womb*

*Where the yew trees blow like hydras,*
*The tree of life and the tree of life*

*Unloosing their moons, month after month, to no purpose.*
*The blood flood is the flood of love,*

*The absolute sacrifice.*
*It means: no more idols but me,*

*Me and you.*
*So, in their sulfur loveliness, in their smiles*

*These mannequins lean tonight*
*In Munich, morgue between Paris and Rome,*

*Naked and bald in their furs,*
*Orange lollies on silver sticks,*

*Intolerable, without mind.*
*The snow drops its pieces of darkness,*

*Nobody's about. In the hotels*
*Hands will be opening doors and setting*

## AS MANEQUINS DE MUNIQUE

A perfeição é terrível, ela não pode ter filhos.
Fria como um sopro de neve, tapa o útero

Onde os teixos sopram feito hidras,
Árvore da vida, árvore da vida

Que liberta suas luas todos os meses, à toa.
O jorro de sangue é o jorro do amor,

Sacrifício absoluto.
Quer dizer: nenhum ídolo além de mim,

De mim e de você.
Assim, em sua beleza sulfurosa, as manequins

Sorridentes se curvam hoje à noite
Em Munique, necrotério entre Roma e Paris,

Nuas e lisas em seus casacos de pele e
Pirulitos laranja com palitos prateados.

Insuportáveis, elas não pensam.
A neve goteja pedaços de escuridão,

Ninguém ao redor. Nos hotéis,
Mãos vão abrir as portas e deixar do lado de fora

*Down shoes for a polish of carbon*
*Into which broad toes will go tomorrow.*

*O the domesticity of these windows,*
*The baby lace, the green-leaved confectionery,*

*The thick Germans slumbering in their bottomless Stolz.*
*And the black phones on hooks*

*Glittering*
*Glittering and digesting*

*Voicelessness. The snow has no voice.*

Sapatos que serão engraxados com carbono
Para acolher pés largos no dia seguinte.

Essas janelas são tão familiares,
E as rendas dos bebês e os doces cor de menta,

Os alemães toscos cochilam cheios de arrogância.
E os telefones pretos nos ganchos

Brilham
Brilham e assimilam

O silêncio. A neve não tem voz.

**TOTEM**


*The engine is killing the track, the track is silver,*
*It stretches into the distance. It will be eaten nevertheless.*

*Its running is useless.*
*At nightfall there is the beauty of drowned fields,*

*Dawn gilds the farmers like pigs,*
*Swaying slightly in their thick suits,*

*White towers of Smithfield ahead,*
*Fat haunches and blood on their minds.*

*There is no mercy in the glitter of cleavers,*
*The butcher's guillotine that whispers: "How's this, how's this?"*

*In the bowl the hare is aborted,*
*Its baby head out of the way, embalmed in spice,*

*Flayed of fur and humanity.*
*Let us eat it like Plato's afterbirth,*

*Let us eat it like Christ.*
*These are the people that were important—*

*Their round eyes, their teeth, their grimaces*
*On a stick that rattles and clicks, a counterfeit snake.*

**TOTEM**

O trem mata o trilho, trilho prateado que
Se estende ao longe. Um dia ele estará carcomido.

A corrida do trem é inútil.
No anoitecer se vê a beleza dos campos alagados,

A aurora doura os lavradores como porcos,
Eles balançam de leve, em suas roupas grossas,

Perto das torres brancas de Smithfield,
E pensam nas coxas suculentas e no sangue.

O brilho do cutelo não sente pena,
A lâmina do açougueiro sussurra: "O que houve?".

Na tigela, a lebre abortada,
Sua pequena cabeça já temperada,

Sem pele nem humanidade.
Vamos comê-la como se fosse a placenta de Platão,

Como se fosse Cristo.
As pessoas que um dia foram importantes —

Os olhos redondos, os dentes e trejeitos, agora num
Pedaço de pau que estala, uma cobra falsa.

*Shall the hood of the cobra appall me—*
*The loneliness of its eye, the eye of the mountains*

*Through which the sky eternally threads itself?*
*The world is blood-hot and personal*

*Dawn says, with its blood-flush.*
*There is no terminus, only suitcases*

*Out of which the same self unfolds like a suit*
*Bald and shiny, with pockets of wishes,*

*Notions and tickets, short circuits and folding mirrors.*
*I am mad, calls the spider, waving its many arms.*

*And in truth it is terrible,*
*Multiplied in the eyes of the flies.*

*They buzz like blue children*
*In nets of the infinite,*

*Roped in at the end by the one*
*Death with its many sticks.*

Será que o capuz da cobra vai me assustar —
A solidão do olho dela, o olho das montanhas

Através do qual o céu sempre passa?
O mundo é de sangue quente e pessoal,

Diz a aurora, toda corada.
Não há um terminal, apenas malas

Das quais o mesmo eu se desdobra
Como um terno simples e brilhante, os bolsos cheios de desejos,

Ideias, bilhetes, curtos-circuitos e espelhos.
Estou louca, diz a aranha, mexendo seus muitos braços.

E, para dizer a verdade, ela é terrível,
Multiplicada nos olhos das moscas.

Elas zumbem como crianças tristes
Nas redes do infinito,

Presas, afinal, pela morte
E seus muitos pedaços de pau.

### *PARALYTIC*

*It happens. Will it go on?—*
*My mind a rock,*
*No fingers to grip, no tongue,*
*My god the iron lung*

*That loves me, pumps*
*My two*
*Dust bags in and out,*
*Will not*

*Let me relapse*
*While the day outside glides by like ticker tape.*
*The night brings violets,*
*Tapestries of eyes,*

*Lights,*
*The soft anonymous*
*Talkers: "You all right?"*
*The starched, inaccessible breast.*

*Dead egg, I lie*
*Whole*
*On a whole world I cannot touch,*
*At the white, tight*

*Drum of my sleeping couch*
*Photographs visit me—*

## O PARALÍTICO

Acontece. Mas vai seguir assim? —
Minha cabeça, uma pedra,
Sem dedos para pegar, sem língua,
Meu deus, um pulmão de ferro

Que me ama, infla
Meus dois
Sacos de pó,
Não me deixa

Recair,
E lá fora o dia desliza como uma fita de máquina.
A noite chega com violetas,
Olhos na tapeçaria preta,

Luzes,
Tagarelas
Anônimos: "Está tudo bem?".
O tórax engomado, inacessível.

Sou um ovo morto, fico deitado
Intacto
Neste mundo intacto que não consigo tocar,
No tambor branco

E esticado do meu colchão
Fotografias vêm me ver —

My wife, dead and flat, in 1920 furs,
Mouth full of pearls,

Two girls
As flat as she, who whisper "We're your daughters."
The still waters
Wrap my lips,

Eyes, nose and ears,
A clear
Cellophane I cannot crack.
On my bare back

I smile, a buddha, all
Wants, desire
Falling from me like rings
Hugging their lights.

The claw
Of the magnolia,
Drunk on its own scents,
Asks nothing of life.

Minha mulher morta, deitada, com um casaco de 1920,
A boca cheia de pérolas,

Duas garotas
Deitadas como ela, que sussurram "Somos suas filhas".
Água parada
Envolve meus lábios

Olhos, nariz e orelhas,
Um celofane
Transparente que não consigo rasgar.
Em minhas costas nuas

Sorrio, um buda, puro
Desejo, só quero
Cair como anéis
Abraçando seus brilhos.

A garra
Da magnólia,
Inebriada com seus odores,
Não pede nada da vida.

**BALLOONS**


Since Christmas they have lived with us,
Guileless and clear,
Oval soul-animals,
Taking up half the space,
Moving and rubbing on the silk

Invisible air drifts,
Giving a shriek and pop
When attacked, then scooting to rest, barely trembling.
Yellow cathead, blue fish—
Such queer moons we live with

Instead of dead furniture!
Straw mats, white walls
And these traveling
Globes of thin air, red, green,
Delighting

The heart like wishes or free
Peacocks blessing
Old ground with a feather
Beaten in starry metals.
Your small

Brother is making
His balloon squeak like a cat.
Seeming to see

**BALÕES**

Desde o Natal moram aqui.
Leais, límpidos
E ovais, bichos com alma,
Metade do espaço é deles,
Vão mexendo e roçando na seda

Das correntes de ar invisíveis,
Gritam e estouram
Quando atacados, depois descansam, trêmulos.
Mastro amarelo, peixe azul —
Convivemos com luas tão estranhas

No lugar de móveis mortos!
Tapetes de palha, paredes brancas
E esses globos de ar fino
Que voam, vermelhos, verdes,
Deliciando

O coração como desejo realizado ou como
Um pavão livre que abençoa
O chão com uma pena
Carimbada com metais brilhantes.
Seu irmão

Mais novo faz
O balão guinchar como um gato.
Como se visse

*A funny pink world he might eat on the other side of it,*
*He bites,*

*Then sits*
*Back, fat jug*
*Contemplating a world clear as water.*
*A red*
*Shred in his little fist.*

Do outro lado um mundo cor-de-rosa que ele comeria.
Ele morde,

Depois se senta
De novo, jarro cheio,
Contemplando um mundo transparente como água.
Um trapo
Vermelho em sua mãozinha.

## POPPIES IN JULY

Little poppies, little hell flames,
Do you do no harm?

You flicker. I cannot touch you.
I put my hands among the flames. Nothing burns.

And it exhausts me to watch you
Flickering like that, wrinkly and clear red, like the skin of a mouth.

A mouth just bloodied.
Little bloody skirts!

There are fumes that I cannot touch.
Where are your opiates, your nauseous capsules?

If I could bleed, or sleep!—
If my mouth could marry a hurt like that!

Or your liquors seep to me, in this glass capsule,
Dulling and stilling.

But colorless. Colorless.

## PAPOULAS EM JULHO

Pequenas papoulas, pequenas chamas do inferno,
Não fazem mal algum?

Vocês vibram. Não consigo tocá-las.
Meto a mão nas chamas. Nada queima.

Fico exausta de observá-las,
Vibrantes, enrugadas, de um vermelho vivo: uma boca.

Uma boca que sangrou.
Pequenas saias sangrentas!

Não consigo tocar nos vapores.
Cadê seus ópios, cápsulas repulsivas?

Se eu pudesse sangrar ou dormir! —
Se minha boca se juntasse a um ferimento desses...!

Ou seus licores entrassem em mim, nessa cápsula de vidro,
Trazendo calmaria e torpor.

Mas sem cor. Nenhuma cor.

**KINDNESS**

*Kindness glides about my house.*
*Dame Kindness, she is so nice!*
*The blue and red jewels of her rings smoke*
*In the windows, the mirrors*
*Are filling with smiles.*

*What is so real as the cry of a child?*
*A rabbit's cry may be wilder*
*But it has no soul.*
*Sugar can cure everything, so Kindness says.*
*Sugar is a necessary fluid,*

*Its crystals a little poultice.*
*O kindness, kindness*
*Sweetly picking up pieces!*
*My Japanese silks, desperate butterflies,*
*May be pinned any minute, anesthetized.*

*And here you come, with a cup of tea*
*Wreathed in steam.*
*The blood jet is poetry,*
*There is no stopping it.*
*You hand me two children, two roses.*

**BONDADE**

A bondade paira sobre minha casa.
Senhora Bondade, tão gentil!
As pedras vermelhas e azuis de seus anéis se esfumaçam
Nas janelas, os espelhos
Cheios de sorrisos.

O que é mais real que o choro de uma criança?
O de um coelho pode ser mais selvagem,
Mas não tem alma.
O açúcar cura tudo, diz a Bondade.
O açúcar é um fluido essencial,

Seus cristais viram uma pomada.
Ó bondade, bondade
Que pega tudo com delicadeza!
Minhas sedas japonesas, borboletas desesperadas,
A qualquer hora podem ser alfinetadas, anestesiadas.

Aí vem você, com uma xícara de chá
E uma grinalda de vapor.
O sangue que espirra é poesia,
Não pode ser detido.
Você me entrega duas crianças, duas rosas.

**CONTUSION**

*Color floods to the spot, dull purple.*
*The rest of the body is all washed out,*
*The color of pearl.*

*In a pit of rock*
*The sea sucks obsessively,*
*One hollow the whole sea's pivot.*

*The size of a fly,*
*The doom mark*
*Crawls down the wall.*

*The heart shuts,*
*The sea slides back,*
*The mirrors are sheeted.*

## CONTUSÃO

A cor entorna, roxo fosco.
E o resto do corpo está imaculado,
Da cor de pérola.

Num vão da pedra
O mar suga sem cessar,
Uma fenda é o eixo de todo o mar.

Do tamanho de uma mosca,
A marca do destino
Avança parede abaixo.

O coração se tranca,
O mar recua,
Os espelhos se cobrem.

**EDGE**

*The woman is perfected.*
*Her dead*

*Body wears the smile of accomplishment,*
*The illusion of a Greek necessity*

*Flows in the scrolls of her toga,*
*Her bare*

*Feet seem to be saying:*
*We have come so far, it is over.*

*Each dead child coiled, a white serpent,*
*One at each little*

*Pitcher of milk, now empty.*
*She has folded*

*Them back into her body as petals*
*Of a rose close when the garden*

*Stiffens and odors bleed*
*From the sweet, deep throats of the night flower.*

*The moon has nothing to be sad about,*
*Staring from her hood of bone.*

*She is used to this sort of thing.*
*Her blacks crackle and drag.*

**LIMITE**

A mulher está completa.
Morto,

Seu corpo traz um sorriso de êxito,
O ideal de uma exigência grega

Transborda das dobras de sua toga.
Os pés

Descalços parecem dizer:
Viemos até aqui, chegou o fim.

As crianças mortas enroladas, serpentes brancas,
Uma em cada

Vasilha de leite, agora vazia.
Ela recolhe em seu

Corpo as crianças como se fossem pétalas
De uma rosa que se fecha quando o jardim

Enrijece e os cheiros sangram
Da garganta funda e doce de uma flor noturna.

A lua não tem motivos para ficar triste
Espiando do alto de seu capuz de osso.

Está acostumada a essas coisas.
Seu lado escuro se parte e se arrasta.

**WORDS**

Axes
After whose stroke the wood rings,
And the echoes!
Echoes traveling
Off from the center like horses.

The sap
Wells like tears, like the
Water striving
To re-establish its mirror
Over the rock

That drops and turns,
A white skull,
Eaten by weedy greens.
Years later I
Encounter them on the road—

Words dry and riderless,
The indefatigable hoof-taps.
While
From the bottom of the pool, fixed stars
Govern a life.

**PALAVRAS**


Pancadas
De machado ressoam na madeira,
E os ecos!
Ecos se deslocam
De dentro, feito cavalos.

A seiva
Brota como lágrima, como
Água tentando
Recompor o espelho
Por cima da pedra

Que pinga e gira,
Crânio branco,
Coberto de ervas daninhas.
Anos depois, deparo
Com elas pelo caminho —

Palavras secas, sem norte,
Trepidar incansável de galope.
Enquanto isso,
Do fundo do poço, estrelas fixas
Governam uma vida.

# THE
# COLOSSUS

To Ted

*Para Ted*

**THE MANOR GARDEN**

*The fountains are dry and the roses over.*
*Incense of death. Your day approaches.*
*The pears fatten like little buddhas.*
*A blue mist is dragging the lake.*

*You move through the era of fishes,*
*The smug centuries of the pig—*
*Head, toe and finger*
*Come clear of the shadow. History*

*Nourishes these broken flutings,*
*These crowns of acanthus,*
*And the crow settles her garments.*
*You inherit white heather, a bee's wing,*

*Two suicides, the family wolves,*
*Hours of blankness. Some hard stars*
*Already yellow the heavens.*
*The spider on its own string*

*Crosses the lake. The worms*
*Quit their usual habitations.*
*The small birds converge, converge*
*With their gifts to a difficult borning.*

## O JARDIM DO SOLAR

As fontes estão secas e as rosas murchas.
Cheiro de morte. Sua hora vem chegando.
As peras engordam como pequenos budas.
A névoa azulada engole o lago.

Você passa pela Era de Peixes,
Pelos séculos soberbos do Porco —
Cabeça, pés e os dedos
Assomam da sombra. A história

Sustenta essas colunas rachadas,
Essas coroas de acanthus,
E o corvo escolhe a roupa que vai usar.
Você herda a urze-branca, uma asa de abelha,

Dois suicídios, os lobos da família
E horas de vazio. Estrelas nítidas
Já acendem o céu.
A aranha atravessa o lago

Presa ao próprio fio. As minhocas
Abandonam suas casas.
Os passarinhos vêm vindo, vindo, trazendo
Presentes para um parto complicado.

## *TWO VIEWS OF A CADAVER ROOM*

*1.*

*The day she visited the dissecting room*
*They had four men laid out, black as burnt turkey,*
*Already half unstrung. A vinegary fume*
*Of the death vats clung to them;*
*The white-smocked boys started working.*
*The head of his cadaver had caved in,*
*And she could scarcely make out anything*
*In that rubble of skull plates and old leather.*
*A sallow piece of string held it together.*

*In their jars the snail-nosed babies moon and glow.*
*He hands her the cut-out heart like a cracked heirloom.*

*2.*

*In Brueghel's panorama of smoke and slaughter*
*Two people only are blind to the carrion army:*
*He, afloat in the sea of her blue satin*
*Skirts, sings in the direction*
*Of her bare shoulder, while she bends,*
*Fingering a leaflet of music, over him,*
*Both of them deaf to the fiddle in the hands*
*Of the death's-head shadowing their song.*
*These Flemish lovers flourish; not for long.*

*Yet desolation, stalled in paint, spares the little country*
*Foolish, delicate, in the lower right hand corner.*

## DUAS VISÕES DE UMA SALA DE CADÁVERES

1.

No dia em que ela esteve na sala de dissecação,
Viu quatro homens deitados, tostados feito peru queimado,
Já meio retalhados. Dos tonéis da morte subia
Um vapor de vinagre que impregnava o ar;
Os rapazes de jaleco branco começaram o trabalho.
Um dos cadáveres tinha a cabeça deformada
E ela não podia discernir quase nada
Em meio aos destroços de crânio e couro gasto.
Um fio desbotado atava os restos.

Nos frascos, fetos com nariz de caracol boiam e brilham.
Ele entrega a ela o coração arrancado como uma velha relíquia.

2.

No quadro de Bruegel, feito de matança e fumaça,
Só duas pessoas não enxergam a tropa de carniça:
Ele, flutuando no mar de cetim azul da saia
Dela, e cantando, voltado para o ombro nu
Da amada, enquanto ela se inclina
Para ele, erguendo uma partitura.
Ambos surdos ao violino nas mãos
Da caveira que ameaça esse momento.
O casal de Flandres resplandece; não por muito tempo.

A ruína, retida na tela, ainda poupa o espaço sereno
disparatado, situado embaixo, no canto direito do quadro.

## **NIGHT SHIFT**

*It was not a heart, beating,
That muted boom, that clangor
Far off, not blood in the ears
Drumming up any fever*

*To impose on the evening.
The noise came from outside:
A metal detonating
Native, evidently, to*

*These stilled suburbs: nobody
Startled at it, though the sound
Shook the ground with its pounding.
It took root at my coming*

*Till the thudding source, exposed,
Confounded inept guesswork:
Framed in windows of Main Street's
Silver factory, immense*

*Hammers hoisted, wheels turning,
Stalled, let fall their vertical
Tonnage of metal and wood;
Stunned the marrow. Men in white*

*Undershirts circled, tending
Without stop those greased machines,
Tending, without stop, the blunt
Indefatigable fact.*

**TURNO DA NOITE**


Não era um coração, batendo,
Barulho abafado, um som estridente
Ao longe; nem o sangue latejando
No ouvido um ritmo febril

Para impor à noite.
O rumor vinha de fora:
Um metal que explode,
Natural, é claro, dos

Subúrbios calmos: ninguém
Se assusta, embora o som
Trema o chão a cada golpe.
Ele ressoava cada vez mais ao me

Aproximar da origem do ruído que,
Afinal, anulou todas as hipóteses:
Pelas janelas da fábrica
Da rua principal, martelos

Enormes se erguiam — girando as rodas —
E paravam, deixando tombar na vertical
Toneladas de madeira e metal;
Um baque nos ossos. Homens de

Camisetas brancas circulavam, vigiando
O tempo todo as máquinas azeitadas,
Vigiando, o tempo todo, aquela realidade
Incansável e brutal.

**SOW**

*God knows how our neighbor managed to breed*
*His great sow:*
*Whatever his shrewd secret, he kept it hid*

*In the same way*
*He kept the sow—impounded from public stare,*
*Prize ribbon and pig show.*

*But one dusk our questions commended us to a tour*
*Through his lantern-lit*
*Maze of barns to the lintel of the sunk sty door*

*To gape at it:*
*This was no rose-and-larkspurred china suckling*
*With a penny slot*

*For thrifty children, nor dolt pig ripe for heckling,*
*About to be*
*Glorified for prime flesh and golden crackling*

*In a parsley halo;*
*Nor even one of the common barnyard sows,*
*Mire-smirched, blowzy,*

*Maunching thistle and knotweed on her snout-cruise—*
*Bloat tun of milk*
*On the move, hedged by a litter of feat-foot ninnies*

## A PORCA

Só Deus sabe como nosso vizinho conseguiu criar
Sua porca grandiosa:
Seja lá o que ele tenha feito, é um segredo bem

Guardado, assim como
A porca — escondida do olhar do público,
Dos prêmios e concursos.

Mas, num entardecer, acabamos levados
Pela lanterna dele
Por um labirinto até a porta do chiqueiro,

De onde a vimos, boquiabertos:
Não uma leitoa de porcelana ornada de flores
Com uma fenda para crianças

De juízo guardarem moedas, nem uma porca de engorda
Prestes a ser
Aclamada por sua carne nobre e crocante num prato

Com um halo de salsinha;
Tampouco uma simples porca de curral,
Suja de lama, avermelhada,

A boca cheia de folhas, o focinho mexendo —
Inchada de leite
Cercada por uma ninhada de filhotinhos

*Shrilling her hulk
To halt for a swig at the pink teats. No. This vast
Brobdingnag bulk*

*Of a sow lounged belly-bedded on that black compost,
Fat-rutted eyes
Dream-filmed. What a vision of ancient hoghood must*

*Thus wholly engross
The great grandam!—our marvel blazoned a knight,
Helmed, in cuirass,*

*Unhorsed and shredded in the grove of combat
By a grisly-bristled
Boar, fabulous enough to straddle that sow's heat.*

*But our farmer whistled,
Then, with a jocular fist thwacked the barrel nape,
And the green-copse-castled*

*Pig hove, letting legend like dried mud drop,
Slowly, grunt
On grunt, up in the flickering light to shape*

*A monument
Prodigious in gluttonies as that hog whose want
Made lean Lent*

*Of kitchen slops and, stomaching no constraint,
Proceeded to swill
The seven troughed seas and every earthquaking continent.*

Guinchando em busca
De um gole nas tetas rosadas. Não. Era uma imensidão
corpulenta, digna da terra dos gigantes,

Recostada com a barriga no adubo,
Olhos saltando da gordura
De dentro de um sonho. Tal visão do espécime suíno

Cativaria de imediato a grande
Matriarca! — a nossa maravilha evocava um cavaleiro
De elmo e couraça,

Desmontado e esfarrapado em meio ao combate
Com um medonho javali,
Fabuloso o bastante para saciar o calor da porca.

Mas nosso fazendeiro assobiou,
Deu um tapinha brincalhão na nuca da portentosa,
E a porca encastelada no verde

Ergueu-se, lenta, se desfazendo da mitologia como
Da lama seca, e, grunhindo,
Grunhindo sob a luz vacilante, encarnou

O prodigioso
Monumento da glutonaria — essa porca, cuja parca
Quaresma era feita só de

Lixo da cozinha, começou a devorar,
Sem limites para deglutição,
Os sete mares e todos os continentes sísmicos.

## THE EYE-MOTE

*Blameless as daylight I stood looking
At a field of horses, necks bent, manes blown,
Tails streaming against the green
Backdrop of sycamores. Sun was striking
While chapel pinnacles over the roofs,
Holding the horses, the clouds, the leaves*

*Steadily rooted though they were all flowing
Away to the left like reeds in a sea
When the splinter flew in and stuck my eye,
Needling it dark. Then I was seeing
A melding of shapes in a hot rain:
Horses warped on the altering green,*

*Outlandish as double-humped camels or unicorns,
Grazing at the margins of a bad monochrome,
Beasts of oasis, a better time.
Abrading my lid, the small grain bums:
Red cinder around which I myself,
Horses, planets and spires revolve.*

*Neither tears nor the easing flush
Of eyebaths can unseat the speck:
It sticks, and it has stuck a week.
I wear the present itch for flesh,
Blind to what will be and what was.
I dream that I am Oedipus.*

**O CISCO NO OLHO**


Inocente como a luz do dia, eu olhava
Os cavalos ao ar livre: pescoços arqueados, crinas ao vento,
Os rabos em onda contra o fundo
Verde dos sicômoros. O sol batia nas cúpulas
Brancas da capela por cima dos telhados,
Cavalos, nuvens e folhas,

Todos firmes e imóveis, embora pendendo
Para a esquerda como mato à beira-mar;
Foi quando o cisco entrou no meu olho feito agulha
Tecendo nele a escuridão. Passei a ver
Um misto de formas sob a chuva quente:
Cavalos informes no verde ondulante,

Exóticos como camelos ou unicórnios
Num pasto à beira de um monocromo malfeito,
Bestas do oásis, de outros tempos.
O grãozinho arranha minha pálpebra, queima:
É uma brasa acesa em torno da qual rodamos
Eu própria, cavalos, torres e planetas.

Nem lágrimas nem água corrente
Podem tirar a partícula
Que há uma semana me espeta e pica.
Carrego a coceira como parte do corpo,
Cega para o que virá e para o que passou.
Sonho que sou Édipo.

*What I want back is what I was
Before the bed, before the knife,
Before the brooch-pin and the salve
Fixed me in this parenthesis;
Horses fluent in the wind,
A place, a time gone out of mind.*

E quero de volta aquilo que eu era
Antes que a cama, o bisturi,
Antes que o alfinete e o unguento
Me pregassem nesse parêntese;
Cavalos pairando ao vento,
Um lugar e um tempo perdidos para sempre.

## HARDCASTLE CRAGS

*Flintlike, her feet struck*
*Such a racket of echoes from the steely street,*
*Tacking in moon-blued crooks from the black*
*Stone-built town, that she heard the quick air ignite*
*Its tinder and shake*

*A firework of echoes from wall*
*To wall of the dark, dwarfed cottages.*
*But the echoes died at her back as the walls*
*Gave way to fields and the incessant seethe of grasses*
*Riding in the full*

*Of the moon, manes to the wind,*
*Tireless, tied, as a moon-bound sea*
*Moves on its root. Though a mist-wraith wound*
*Up from the fissured valley and hung shoulder-high*
*Ahead, it fattened*

*To no family-featured ghost,*
*Nor did any word body with a name*
*The blank mood she walked in. Once past*
*The dream-peopled village, her eyes entertained no dream,*
*And the sandman's dust*

*Lost lustre under her footsoles.*
*The long wind, paring her person down*
*To a pinch of flame, blew its burdened whistle*

## OS ROCHEDOS DE HARDCASTLE

Como pedras, os pés dela imprimiam
Tal estrondo de ecos pela rua acinzentada,
Cravando-se por vielas à luz da lua no vilarejo
Rochoso — que ela ouviu o ar acendendo
O pavio e agitando os fogos de artifício

Que ecoavam de uma parede
A outra entre as casinhas escuras.
Mas os ecos minguavam atrás dela quando as paredes
Davam lugar aos campos e ao matagal agitado
Que cavalgava sob a lua

Cheia, crina ao vento,
Incansável, mas atado, como o mar regido pela lua,
Ondulando em sua base. Uma névoa espectral
Subiu do fundo do vale e se firmou acima
Da altura do ombro, espessa,

Um fantasma nada familiar.
Nenhuma palavra era capaz de nomear o
Vazio que ela sentia. Ao sair do vilarejo
Tão cheio de sonhos, os olhos dela não traziam sonhos,
E a areia do sono

Perdia o brilho por onde ela passava.
O vento persistente, que a reduzia a
Uma ínfima chama, soprou um assobio intenso

*In the whorl of her ear, and like a scooped-out pumpkin crown*
*Her head cupped the babel.*

*All the night gave her, in return*
*For the paltry gift of her bulk and the beat*
*Of her heart, was the humped indifferent iron*
*Of its hills, and its pastures bordered by black stone set*
*On black stone. Barns*

*Guarded broods and litters*
*Behind shut doors; the dairy herds*
*Knelt in the meadow mute as boulders;*
*Sheep drowsed stoneward in their tussocks of wool, and birds,*
*Twig-sleeping, wore*

*Granite ruffs, their shadows*
*The guise of leaves. The whole landscape*
*Loomed absolute as the antique world was*
*Once, in its earliest sway of lymph and sap,*
*Unaltered by eyes,*

*Enough to snuff the quick*
*Of her small heat out, but before the weight*
*Of stones and hills of stones could break*
*Her down to mere quartz grit in that stony light*
*She turned back.*

No ouvido dela e, como uma abóbora em formato de coroa,
A cabeça conteve o estrondo.

Tudo o que a noite lhe deu em troca
Por seus míseros dotes — o corpo presente e
O ritmo do coração — foi o indiferente ferro curvado
Das colinas e os pastos cercados por pedras e mais
Pedras negras. Celeiros

Guardavam dejetos e ninhadas
Por trás de portas fechadas; vacas leiteiras
No campo, mudas feito rochedos;
Ovelhas cochilando, empedradas em tufos de lã,
E pássaros nos galhos,

Com golas de granito, as sombras em
Formato de folhas. Toda a paisagem
Surgia imponente, tal como o mundo antigo,
No primitivo vaivém entre água e seiva,
Intocado pelo olhar.

Isso era o que bastava para apagar
O mínimo brilho dela, mas antes que o peso
Das pedras e colinas pudessem reduzi-la,
Sob a luz pedregosa, a um mero grão de quartzo,
Ela deu meia-volta.

**FAUN**

*Haunched like a faun, he hooed*
*From grove of moon-glint and fen-frost*
*Until all owls in the twigged forest*
*Flapped black to look and brood*
*On the call this man made.*

*No sound but a drunken coot*
*Lurching home along river bank.*
*Stars hung water-sunk, so a rank*
*Of double star-eyes lit*
*Boughs where those owls sat.*

*An arena of yellow eyes*
*Watched the changing shape he cut,*
*Saw hoof harden from foot, saw sprout*
*Goat-horns. Marked how god rose*
*And galloped woodward in that guise.*

**FAUNO**

Encurvado feito um fauno, ele uivou
À luz da lua no bosque gelado,
E todas as corujas no emaranhado de galhos
Se viraram para ver e analisar
O apelo daquele homem.

O único som na hora era de um bêbado
Cambaleando para casa à beira do rio.
Estrelas imersas na água e um fio
De olhares estrelados, todos acesos,
Nos ramos onde as corujas faziam peso.

Olhos amarelos em profusão
Viram a forma que ele assumiu:
Um casco brotou no pé e um chifre
Na cabeça. Dali nasceu o deus que seguiu
A galope para o bosque usando aquele disfarce.

**DEPARTURE**

*The figs on the fig tree in the yard are green;*
*Green, also, the grapes on the green vine*
*Shading the brickred porch tiles.*
*The money's run out.*

*How nature, sensing this, compounds her bitters.*
*Ungifted, ungrieved, our leavetaking.*
*The sun shines on unripe corn.*
*Cats play in the stalks.*

*Retrospect shall not soften such penury—*
*Sun's brass, the moon's steely patinas,*
*The leaden slag of the world—*
*But always expose*

*The scraggy rock spit shielding the town's blue bay*
*Against which the brunt of outer sea*
*Beats, is brutal endlessly.*
*Gull-fouled, a stone hut*

*Bares its low lintel to corroding weathers:*
*Across the jut of ochreous rock*
*Goats shamble, morose, rank-haired,*
*To lick the sea-salt.*

**PARTIDA**


No pátio, os figos da figueira estão verdes;
Verdes, também, as uvas da parreira que projeta
Uma sombra no piso avermelhado do alpendre.
O dinheiro acabou.

Ao sentir isso, a natureza agrava sua amargura.
Nossa despedida não tem nada de especial.
O sol brilha sobre o milho verde.
Os gatos brincam nas espigas.

Lembrar não ameniza tamanha penúria —
O bronze do sol, a pátina prateada da lua,
A escória de chumbo do mundo —
Mas pode evidenciar

O pontão rochoso que protege a baía azul da cidade
Contra o impacto do mar aberto,
Brutal e incessante.
Um abrigo de pedras, cheio de gaivotas,

Expõe seus alicerces às intempéries corrosivas:
Nessa ponta rochosa cor de ocre
Cabras dão um passeio, taciturnas, o pelo irisado,
E lambem o sal marinho.

## THE COLOSSUS

*I shall never get you put together entirely,*
*Pieced, glued, and properly jointed.*
*Mule-bray, pig-grunt and bawdy cackles*
*Proceed from your great lips.*
*It's worse than a barnyard.*

*Perhaps you consider yourself an oracle,*
*Mouthpiece of the dead, or of some god or other.*
*Thirty years now I have labored*
*To dredge the silt from your throat.*
*I am none the wiser.*

*Scaling little ladders with gluepots and pails of Lysol*
*I crawl like an ant in mourning*
*Over the weedy acres of your brow*
*To mend the immense skull-plates and clear*
*The bald, white tumuli of your eyes.*

*A blue sky out of the Oresteia*
*Arches above us. O father, all by yourself*
*You are pithy and historical as the Roman Forum.*
*I open my lunch on a hill of black cypress.*
*Your fluted bones and acanthine hair are littered*

*In their old anarchy to the horizon-line.*
*It would take more than a lightning-stroke*
*To create such a ruin.*

## O COLOSSO

Nunca vou conseguir te recompor:
Juntar, colar, pôr cada peça no lugar.
Dessa sua boca enorme, saem urros,
Grunhidos e cacarejos obscenos.
É pior do que um curral.

Talvez você se julgue um oráculo,
Porta-voz dos mortos ou de algum deus.
Há trinta anos que luto para
Dragar o lodo da sua garganta.
Mas nem por isso aprendi alguma coisa.

Subo cada degrau levando cola e desinfetante,
Me arrasto como uma formiga de luto
Pelo campo acidentado da sua testa
Busco remendar as placas cranianas e limpar
O túmulo branco e oco dos seus olhos.

Um céu azul tirado da Oréstia
Se armou sobre nós. Pai, você por si só já é
Tão forte e tão arcaico quanto o fórum romano.
Numa colina de ciprestes negros, pego meu almoço.
Seus ossos estriados, seu cabelo cacheado e

Desgrenhado vai até a linha do horizonte.
Seria preciso bem mais do que um raio
Para produzir tanta ruína.

*Nights, I squat in the cornucopia  
Of your left ear, out of the wind,*

*Counting the red stars and those of plum-color.  
The sun rises under the pillar of your tongue.  
My hours are married to shadow.  
No longer do I listen for the scrape of a keel  
On the blank stones of the landing.*

À noite, me agacho na cornucópia
Da sua orelha esquerda, ao abrigo do vento,

E conto as estrelas vermelhas e roxas.
O sol se levanta por trás da coluna da sua língua.
Minhas horas fazem par com a sombra.
Não ouço mais a quilha raspando
Nas pedras brancas do cais.

**LORELEI**


It is no night to drown in:
A full moon, river lapsing
Black beneath bland mirror-sheen,

The blue water-mists dropping
Scrim after scrim like fishnets
Though fishermen are sleeping,

The massive castle turrets
Doubling themselves in a glass
All stillness. Yet these shapes float

Up toward me, troubling the face
Of quiet. From the nadir
They rise, their limbs ponderous

With richness, hair heavier
Than sculpted marble. They sing
Of a world more full and clear

Than can be. Sisters, your song
Bears a burden too weighty
For the whorled ear's listening

Here, in a well-steered country,
Under a balanced ruler.
Deranging by harmony

**LORELEI**

Não é uma noite para se afogar:
Lua cheia, um rio escuro avança
Debaixo do brilho da superfície,

Uma névoa azulada lança
Um pano, espécie de rede de pesca,
Embora os pescadores descansem,

E as torres do castelo se multipliquem
Por cima do vidro imóvel.
Ainda assim, essas sombras sobem

Até mim e sacodem tudo o que é
Calmo. Lá do fundo elas
Surgem cobertas de

Riquezas, o cabelo mais pesado
Que mármore esculpido. E cantam
Um mundo mais pleno e mais puro

Do que pode haver. Irmãs,
Sua canção traz um fardo muito
Opressivo para os que estão aqui,

Nesta terra bem regida
Por regras ponderadas.
Perturbadas pela harmonia,

*Beyond the mundane order,*
*Your voices lay siege. You lodge*
*On the pitched reefs of nightmare,*

*Promising sure harborage;*
*By day, descant from borders*
*Of hebetude, from the ledge*

*Also of high windows. Worse*
*Even than your maddening*
*Song, your silence. At the source*

*Of your ice-hearted calling—*
*Drunkenness of the great depths.*
*O river, I see drifting*

*Deep in your flux of silver*
*Those great goddesses of peace.*
*Stone, stone, ferry me down there.*

Além da ordem terrena,
Suas vozes assediam. Vocês
Vivem nos altos recifes do pesadelo

E prometem abrigo certeiro.
Cantam em coro de dia às margens
Da letargia, no parapeito de

Imensas janelas. Ainda pior que sua
Canção da loucura,
É o silêncio. E na origem do

Chamado congelante —
A embriaguez das profundezas.
Ó rio, vejo à deriva, bem no fundo

De seu fluxo de prata,
Essas grandes deusas da paz.
Pedra, pedra, leve-me até elas.

**POINT SHIRLEY**

*From Water-Tower Hill to the brick prison*
*The shingle booms, bickering under*
*The sea's collapse.*
*Snowcakes break and welter. This year*
*The gritted wave leaps*
*The seawall and drops onto a bier*
*Of quahog chips,*
*Leaving a salty mash of ice to whiten*

*In my grandmother's sand yard. She is dead,*
*Whose laundry snapped and froze here, who*
*Kept house against*
*What the sluttish, rutted sea could do.*
*Squall waves once danced*
*Ship timbers in through the cellar window;*
*A thresh-tailed, lanced*
*Shark littered in the geranium bed—*

*Such collusion of mulish elements*
*She wore her broom straws to the nub.*
*Twenty years out*
*Of her hand, the house still hugs in each drab*
*Stucco socket*
*The purple egg-stones: from Great Head's knob*
*To the filled-in Gut*
*The sea in its cold gizzard ground those rounds.*

**POINT SHIRLEY**

Da torre de água até a prisão de tijolos,
O cascalho estala, ralha bem ali
Onde o mar desaba.
Bolos de neve quebram, se encapelam. Este ano
A onda cheia de areia salta
O dique para cair na esteira
Toda ocupada por lascas de marisco,
Numa mistura salgada de gelo que clareia

O pátio de areia da minha avó. Minha avó morta.
Aqui a roupa lavada estalava, congelava, e ela
Defendia a casa contra tudo o que
O mar descarado ousasse fazer.
Um dia, numa rajada, as ondas arrastaram
Madeiras de navio pela janela do porão.
Um tubarão com o rabo em lança
Se aninhou no leito de gerânios —

Com tantos elementos insistentes, ela
Usava até o toco as vassouras de palha.
Vinte anos sem seu cuidado,
E a casa ainda conserva em cada
Ranhura do reboco
Sedimentos minerais roxos: da colina de Great Head
Ao canal de Shirley tomado, o mar
Conservou na garganta essas pedrinhas redondas.

*Nobody wintering now behind*
*The planked-up windows where she set*
*Her wheat loaves*
*And apple cakes to cool. What is it*
*Survives, grieves*
*So, over this battered, obstinate spit*
*Of gravel? The waves'*
*Spewed relics clicker masses in the wind,*

*Grey waves the stub-necked eiders ride.*
*A labor of love, and that labor lost.*
*Steadily the sea*
*Eats at Point Shirley. She died blessed,*
*And I come by*
*Bones, bones only, pawed and tossed,*
*A dog-faced sea.*
*The sun sinks under Boston, bloody red.*

*I would get from these dry-papped stones*
*The milk your love instilled in them.*
*The black ducks dive.*
*And though your graciousness might stream,*
*And I contrive,*
*Grandmother, stones are nothing of home*
*To that spumiest dove.*
*Against both bar and tower the black sea runs.*

Neste inverno não há ninguém por trás
Das janelas pregadas com tábuas, onde ela
Deixava esfriar os pães de trigo
E as tortas de maçã. O que é isso
Que persiste, que tanto insiste
Nessa faixa de areia deteriorada,
Obstinada? As ondas despejam
Relíquias que voam ao vento,

Patos pegam carona nas ondas cinzentas.
Um trabalho de amor, mas um trabalho perdido.
Assíduo, o mar
Corrói Point Shirley. Minha avó morreu abençoada
E eu encontro
Ossos, somente ossos, expostos, caídos,
Um mar com cara de cão.
O sol afunda, vermelho-sangue, sob Boston.

Eu gostaria de sugar, dos mamilos secos das pedras,
O leite que seu amor instilou nelas.
Os patos pretos mergulham.
Embora sua doçura possa se derramar por tudo,
E eu fique aqui especulando,
Vó, as pedras não servem de lar
Para essa pomba formada de espuma.
O mar negro avança contra o banco de areia e contra a torre.

## THE BULL OF BENDYLAW

The black bull bellowed before the sea.
The sea, till that day orderly,
Hove up against Bendylaw.

The queen in the mulberry arbor stared
Stiff as a queen on a playing card.
The king fingered his beard.

A blue sea, four horny bull-feet,
A bull-snouted sea that wouldn't stay put,
Bucked at the garden gate.

Along box-lined walks in the florid sun
Toward the rowdy bellow and back again
The lords and ladies ran.

The great bronze gate began to crack,
The sea broke in at every crack,
Pellmell, blueblack.

The bull surged up, the bull surged down,
Not to be stayed by a daisy chain
Nor by any learned man.

O the king's tidy acre is under the sea,
And the royal rose in the bull's belly,
And the bull on the king's highway.

## O TOURO DE BENDYLAW

O touro medonho mugiu para o mar.
O mar, que até então era calmo,
Avançou contra Bendylaw.

Sob o pé de amora, a rainha olhava
Imóvel, feito rainha de baralho.
E o rei coçava a barba.

Um mar azul, com quatro patas fincadas,
Um mar com focinho de touro que não fica parado
Se lançou contra o portão do jardim.

Damas e cavalheiros saíram correndo
Pelas alamedas sob o sol intenso,
Na direção do tumulto e depois de volta.

O imenso portão começou a estalar,
E a cada estalo o mar forçava para entrar,
Arruaceiro e azul-escuro.

O touro se agitava, erguia o corpo e se abaixava,
Querendo se ver livre das coroas de margaridas
E das pessoas instruídas.

Ó as terras do rei estão debaixo d'água
E a rosa real, na barriga do touro
E o touro, na estrada do rei.

## ALL THE DEAD DEARS

In the Archaeological Museum in Cambridge is a stone coffin of the fourth century A.D. containing the skeletons of a woman, a mouse and a shrew. The ankle-bone of the woman has been slightly gnawn.

*Rigged poker-stiff on her back*
*With a granite grin*
*This antique museum-cased lady*
*Lies, companioned by the gimcrack*
*Relics of a mouse and a shrew*
*That battened for a day on her ankle-bone.*

*These three, unmasked now, bear*
*Dry witness*
*To the gross eating game*
*We'd wink at if we didn't hear*
*Stars grinding, crumb by crumb,*
*Our own grist down to its bony face.*

*How they grip us through thin and thick,*
*These barnacle dead!*
*This lady here's no kin*
*Of mine, yet kin she is: she'll suck*
*Blood and whistle my marrow clean*
*To prove it. As I think now of her head,*

*From the mercury-backed glass*
*Mother, grandmother, greatgrandmother*

## TODOS OS MORTOS QUERIDOS

*No Museu Arqueológico de Cambridge há um sepulcro de pedra do século IV a.C. que contém esqueletos de uma mulher, de um rato e de um musaranho. O osso do tornozelo da mulher foi ligeiramente roído.*

Deitada de costas, rija feito pedra,
E um sorriso de granito,
Essa dama jaz encaixotada num
Museu, na companhia de relíquias
Banais: um rato e um musaranho que
Um dia comeram o osso do tornozelo dela.

Os três, agora revelados, são
Testemunhas ressequidas
Do grosseiro jogo alimentar
Que nem sequer notaríamos não fossem
As estrelas que maceram, a fogo lento,
Nosso próprio grão até o osso.

Elas nos agarram com unhas e dentes
Essas cracas de mortos!
A tal dama não é minha
Parente, mas é como se fosse: sugaria meu
Sangue e limparia o tutano só
Para provar. Agora que penso nela,

Minha mãe, avó e bisavó
Esticam suas mãos de bruxa, de dentro

*Reach hag hands to haul me in,*
*And an image looms under the fishpond surface*
*Where the daft father went down*
*With orange duck-feet winnowing his hair—*

*All the long gone darlings: they*
*Get back, though, soon,*
*Soon: be it by wakes, weddings,*
*Childbirths or a family barbecue:*
*Any touch, taste, tang's*
*Fit for those outlaws to ride home on,*

*And to sanctuary: usurping the armchair*
*Between tick*
*And tack of the clock, until we go,*
*Each skulled-and-crossboned Gulliver*
*Riddled with ghosts, to lie*
*Deadlocked with them, taking root as cradles rock.*

Do espelho, e tentam me pegar,
Enquanto surge uma imagem na superfície do lago,
Ali onde o pai, louco, afundou
Com pés de pato cor de laranja e cabelos boiando —

Todos os seres queridos que se foram:
Um dia voltam, apesar de tudo — logo
Logo: em velórios, casamentos e
Nascimentos ou num almoço de família:
Bastam um toque, um traço, um travo
Para trazer os foragidos para casa

Ou para o santuário: onde usurpam a poltrona
Entre o tique-
Taque do relógio, até ficarmos
Assim, como um Gulliver cadavérico,
Crivado de fantasmas, inerte
Com eles, criando raízes enquanto o mundo gira.

## AFTERMATH

Compelled by calamity's magnet
They loiter and stare as if the house
Burnt-out were theirs, or as if they thought
Some scandal might any minute ooze
From a smoke-choked closet into light;
No deaths, no prodigious injuries
Glut these hunters after an old meat,
Blood-spoor of the austere tragedies.

Mother Medea in a green smock
Moves humbly as any housewife through
Her ruined apartments, taking stock
Of charred shoes, the sodden upholstery:
Cheated of the pyre and the rack,
The crowd sucks her last tear and turns away.

**PERDAS**

Fisgados pelo ímã da calamidade,
Demoram-se olhando a casa queimada
Como se ela fosse deles, ou como se, de lá,
De um armário cheio de fumaça,
Um escândalo pudesse brotar;
Nem morte nem grandes ofensas
Saciam essa gente que caça carniça
E sempre busca tragédias austeras.

De bata verde, a mãe Medeia
Lembra uma dona de casa humilde que passeia
Pelos cômodos em ruínas, avaliando as perdas,
Sapatos queimados, estofados molhados:
E a multidão, por falta de pira e de dor
Sorve sua última lágrima e lhe dá as costas.

## THE THIN PEOPLE

*They are always with us, the thin people*
*Meager of dimension as the gray people*

*On a movie-screen. They*
*Are unreal, we say:*

*It was only in a movie, it was only*
*In a war making evil headlines when we*

*Were small that they famished and*
*Grew so lean and would not round*

*Out their stalky limbs again though peace*
*Plumped the bellies of the mice*

*Under the meanest table.*
*It was during the long hunger-battle*

*They found their talent to persevere*
*In thinness, to come, later,*

*Into our bad dreams, their menace*
*Not guns, not abuses,*

*But a thin silence.*
*Wrapped in flea-ridden donkey skins,*

## OS MAGROS

Estão sempre conosco, os magros, de aspecto
Esquálido, como as pessoas acinzentadas na tela

Do cinema: irreais.
E nós dizemos:

Era só um filme, só uma guerra
Com suas manchetes monstruosas quando

Éramos crianças, e eles, esfomeados,
Iam definhando sem poder fortalecer

De novo as pernas de palito, embora a paz
Empanturrasse os ratos que passavam

Por baixo da mesa mais miserável.
Durante a longa batalha da fome

Descobriram o dom de perseverar
Na escassez, e vinham depois nos assombrar

Em pesadelos, sem armas nem insultos
Que servissem de ameaça,

Só um silêncio esquálido.
Enrolados em peles de burros pulguentos

Empty of complaint, forever
Drinking vinegar from tin cups: they wore

The insufferable nimbus of the lot-drawn
Scapegoat. But so thin,

So weedy a race could not remain in dreams,
Could not remain outlandish victims

In the contracted country of the head
Any more than the old woman in her mud hut could

Keep from cutting fat meat
Out of the side of the generous moon when it

Set foot nightly in her yard
Until her knife had pared

The moon to a rind of little light.
Now the thin people do not obliterate

Themselves as the dawn
Grayness blues, reddens, and the outline

Of the world comes clear and fills with color.
They persist in the sunlit room: the wallpaper

Frieze of cabbage-roses and cornflowers pales
Under their thin-lipped smiles,

Their withering kingship.
How they prop each other up!

Sem reclamar de nada, sempre tomando
Vinagre em copos de alumínio: tinham

Um halo insuportável de bode expiatório,
Marcados pelo acaso. Mas uma raça tão esquálida,

Tão magrela assim não persistiria nem em sonhos,
Não persistiria como vítimas bizarras

Numa paisagem retraída da cabeça,
Tal como a velha em seu casebre

Não deixaria de cortar uma fatia gorda
Da lua generosa quando ela à noite

Comparece ao quintal, até a faca
Ter cortado a lua tão bem

Que restasse apenas uma lasca de luz.
Agora os magros não se apagam

Quando a manhã cinza se torna azulada,
Avermelhada, e o contorno do mundo

Se define e se adensa de cores.
Eles continuam num lugar ensolarado:

A borda do papel de parede de rosas e centáureas
Empalidece sob o sorriso de seus lábios finos,

De sua realeza que definha.
Veja como eles se escoram uns nos outros!

*We own no wildernesses rich and deep enough*
*For stronghold against their stiff*

*Battalions. See, how the tree boles flatten*
*And lose their good browns*

*If the thin people simply stand in the forest,*
*Making the world go thin as a wasp's nest*

*And grayer; not even moving their bones.*

Não temos vida selvagem rica o bastante
Que sirva de fortaleza contra seus duros

Batalhões. Veja como as árvores murcham e
Os troncos perdem o aspecto marrom sadio

Quando os magros fincam pé na floresta,
E o mundo mingua como um ninho de vespas

Cinzento; e eles nem sequer movem seus ossos.

## **SUICIDE OFF EGG ROCK**

*Behind him the hotdogs split and drizzled*
*On the public grills, and the ochreous salt flats,*
*Gas tanks, factory stacks—that landscape*
*Of imperfections his bowels were part of—*
*Rippled and pulsed in the glassy updraught.*
*Sun struck the water like a damnation.*
*No pit of shadow to crawl into,*
*And his blood beating the old tattoo*
*I am, I am, I am. Children*
*Were squealing where combers broke and the spindrift*
*Raveled wind-ripped from the crest of the wave.*
*A mongrel working his legs to a gallop*
*Hustled a gull flock to flap off the sandspit.*

*He smoldered, as if stone-deaf, blindfold,*
*His body beached with the sea's garbage,*
*A machine to breathe and beat forever.*
*Flies filing in through a dead skate's eyehole*
*Buzzed and assailed the vaulted brainchamber.*
*The words in his book wormed off the pages.*
*Everything glittered like blank paper.*

*Everything shrank in the sun's corrosive*
*Ray but Egg Rock on the blue wastage.*
*He heard when he walked into the water*

*The forgetful surf creaming on those ledges.*

## O SUICÍDIO EM EGG ROCK

Atrás dele, a grelha cheia de cachorro-quente
Chiando e estalando, as salinas cor de ocre,
Os tanques de gasolina, as chaminés das fábricas — paisagem
De imperfeições da qual ele fazia parte —
Tudo isso vinha em ondas na corrente de ar que subia.
O sol batendo na água feito maldição.
Nenhuma réstia de sombra à qual se agarrar,
E o sangue dele pulsando a mesma velha cantilena
Eu sou, eu sou, eu sou. Crianças
Davam gritinhos onde o mar quebrava
E a espuma da crista das ondas era levada pelo vento.
Um vira-lata pronto para correr
Espantou um bando de gaivotas da faixa de areia.

E ele ali, chama se apagando, surdo, cego,
O corpo encalhado com o lixo do mar,
Como máquina que respirasse para sempre.
Moscas zumbiam na órbita ocular de uma
Arraia morta e atacavam o crânio abobadado.
As palavras do livro que ele lia desapareciam das páginas.
Tudo brilhava como folha em branco.

Tudo se encolhia sob os corrosivos raios de sol,
Menos as pedras de Egg Rock em meio ao vasto azul.
Ao entrar na água, ele ouviu o barulho irrelevante

Da arrebentação que lambia aqueles rochedos.

**MUSHROOMS**

Overnight, very
Whitely, discreetly,
Very quietly

Our toes, our noses
Take hold on the loam,
Acquire the air.

Nobody sees us,
Stops us, betrays us;
The small grains make room.

Soft fists insist on
Heaving the needles,
The leafy bedding,

Even the paving.
Our hammers, our rams,
Earless and eyeless,

Perfectly voiceless,
Widen the crannies,
Shoulder through holes. We

Diet on water,
On crumbs of shadow,
Bland-mannered, asking

**COGUMELOS**

À noite, bem
Brancos, discretos
E muito quietos,

Nossos dedos e narizes
Ocupam seu posto na lama
E alcançam o ar.

Ninguém nos vê nem
Nos detém, ninguém nos trai;
As sementinhas se acomodam.

Um punho leve insiste em
Erguer as agulhas,
A cama de folhas,

Até mesmo o chão.
Com um martelo e um cutelo,
Sem ouvir nem ver,

Sem nada dizer,
Alargaremos as fendas,
E passaremos pelos buracos.

Vivendo à base de água,
Com sobras de sombra
E bons modos, pedimos

*Little or nothing.
So many of us!
So many of us!*

*We are shelves, we are
Tables, we are meek,
We are edible,*

*Nudgers and shovers
In spite of ourselves.
Our kind multiplies:*

*We shall by morning
Inherit the earth.
Our foot's in the door.*

Bem pouco ou nada.
Somos tantos!
Somos tantos!

Somos a prateleira, somos
A mesa, somos mansos.
E comestíveis,

Avançamos à força
Mesmo sem querer.
Nosso tipo se multiplica:

Pela manhã, vamos
Herdar o mundo.
Estamos a um passo.

## *I WANT, I WANT*

Open-mouthed, the baby god
Immense, bald, though baby-headed,
Cried out for the mother's dug.
The dry volcanoes cracked and spit,

Sand abraded the milkless lip.
Cried then for the father's blood
Who set wasp, wolf and shark to work,
Engineered the gannet's beak.

Dry-eyed, the inveterate patriarch
Raised his men of skin and bone,
Barbs on the crown of gilded wire,
Thorns on the bloody rose-stem.

## EU QUERO, EU QUERO

De boca bem aberta, o deus bebezinho,
Imenso e careca, apesar do rosto infantil,
Implora pelo peito da mãe.
Vulcões secos estalam e cospem,

E a areia irrita os lábios sem leite.
Ele pede, então, o sangue do pai,
Este que criou a vespa, o lobo e o tubarão,
Que arquitetou o bico do atobá.

Com secura no olhar, o inveterado patriarca
Deu vida aos homens de carne e osso,
Fez os espinhos da coroa de arame,
E os espinhos no sangrento caule da rosa.

## WATERCOLOR OF GRANTCHESTER MEADOWS

*There, spring lambs jam the sheepfold. In air*
*Stilled, silvered as water in a glass*
*Nothing is big or far.*
*The small shrew chitters from its wilderness*
*Of grassheads and is heard.*
*Each thumb-size bird*
*Flits nimble-winged in thickets, and of good color.*

*Cloudwrack and owl-hollowed willows slanting over*
*The bland Granta double their white and green*
*World under the sheer water*
*And ride that flux at anchor, upside down.*
*The punter sinks his pole.*
*In Byron's pool*
*Cat-tails part where the tame cygnets steer.*

*It is a country on a nursery plate.*
*Spotted cows revolve their jaws and crop*
*Red clover or gnaw beetroot*
*Bellied on a nimbus of sun-glazed buttercup.*
*Hedging meadows of benign*
*Arcadian green*
*The blood-berried hawthorn hides its spines with white.*

*Droll, vegetarian, the water rat*
*Saws down a reed and swims from his limber grove,*
*While the students stroll or sit,*
*Hands laced, in a moony indolence of love—*

## AQUARELA DOS CAMPOS DE GRANTCHESTER

Os cordeirinhos amontoados no curral. No ar
Parado, prata como um copo d'água,
Nada é grande, nada é longe.
O pequeno musaranho no ermo
Capim começa a chilrear.
Cada pássaro medindo um polegar
Esvoaça pela mata, com cores vivas, a asa ágil.

Nuvens no céu e salgueiros ocos se inclinam
Por cima do sereno rio Granta, duplicando o mundo
Branco e verde sob a água transparente,
E ancoram a própria imagem de ponta-cabeça.
O barqueiro afunda seu remo
No lago de Byron,
As plantas se abrem onde os cisnes passam.

É uma paisagem ilustrada num prato de criança.
Vacas malhadas mexem a mandíbula e mastigam
Trevos-vermelhos ou roem beterrabas
Com a barriga sobre um halo de botões-de-ouro.
Nos limites da campina de um
Verde bucólico,
Espinheiros rubros cobrem de branco os espinhos.

O rato-d'água, alegre, vegetariano,
Serra o caniço e nada saindo de seu refúgio,
Enquanto estudantes passeiam ou se sentam,
Mãos dadas, entregues ao torpor amoroso —

*Black-gowned, but unaware*
*How in such mild air*
*The owl shall stoop from his turret, the rat cry out.*

Vestidos de preto, ignoram que
Em meio ao clima ameno
A coruja vai deixar sua torre e o rato vai gritar.

## THE GHOST'S LEAVETAKING

Enter the chilly no-man's land of about
Five o'clock in the morning, the no-color void
Where the waking head rubbishes out the draggled lot
Of sulfurous dreamscapes and obscure lunar conundrums
Which seemed, when dreamed, to mean so profoundly much,

Gets ready to face the ready-made creation
Of chairs and bureaus and sleep-twisted sheets.
This is the kingdom of the fading apparition,
The oracular ghost who dwindles on pin-legs
To a knot of laundry, with a classic bunch of sheets

Upraised, as a hand, emblematic of farewell.
At this joint between two worlds and two entirely
Incompatible modes of time, the raw material
Of our meat-and-potato thoughts assumes the nimbus
Of ambrosial revelation. And so departs.

Chair and bureau are the hieroglyphs
Of some godly utterance wakened heads ignore:
So these posed sheets, before they thin to nothing,
Speak in sign language of a lost otherworld,
A world we lose by merely waking up.

Trailing its telltale tatters only at the outermost
Fringe of mundane vision, this ghost goes
Hand aloft, goodbye, goodbye, not down

## A DESPEDIDA DO FANTASMA

Aqui entra em cena a fria terra de ninguém,
Por volta de cinco da manhã, vazio sem cor
Onde a cabeça, ao despertar, descarta o pântano
De imagens sulfúricas, de enigmas lunares,
Que parecem, em sonho, dizer tanta coisa,

E se apronta para enfrentar o que está pronto:
Cadeiras e carteiras e lençóis amarfanhados.
Eis o reino da aparição que se dissipa,
O fantasma oracular que se reduz, com pés de agulha,
A um pano enrolado, uma junção de lençóis erguidos,

Como a mão, num típico gesto de despedida.
No ponto de contato entre dois mundos e dois modos
Incompatíveis de tempo, a matéria crua dos
Pensamentos mais bê-á-bás assume uma aura
De revelação sublime. E assim se vai.

Cadeira e carteira são hieróglifos de algum
Enunciado divino ignorado pelas cabeças despertas:
Assim, os lençóis em pose, antes de se dispersarem,
Falam numa língua de sinais de um além-mundo perdido,
Mundo que perdemos ao despertar.

Arrastando os rastros de seus farrapos
Até a beira da ótica mundana, o fantasma vai passando,
As mãos para o alto, adeus, adeus, não para baixo

*Into the rocky gizzard of the earth,*
*But toward a region where our thick atmosphere*

*Diminishes, and God knows what is there.*
*A point of exclamation marks that sky*
*In ringing orange like a stellar carrot.*
*Its round period, displaced and green,*
*Suspends beside it the first point, the starting*

*Point of Eden, next the new moon's curve.*
*Go, ghost of our mother and father, ghost of us,*
*And ghost of our dreams' children, in those sheets*
*Which signify our origin and end,*
*To the cloud-cuckoo land of color wheels*

*And pristine alphabets and cows that moo*
*And moo as they jump over moons as new*
*As that crisp cusp towards which you voyage now.*
*Hail and farewell. Hello, goodbye. O keeper*
*Of the profane grail, the dreaming skull.*

Na direção do centro rochoso da Terra,
E, sim, para uma região em que a atmosfera densa

Se torna rarefeita, e só Deus sabe o que existe.
Um ponto de exclamação está grifado nesse céu,
De um laranja vibrante feito cenoura estelar.
Um ponto-final, deslocado e verde,
Suspende, a seu lado, o primeiro ponto, o ponto

De partida para o Éden, perto da curva da lua nova.
Pode ir, fantasma de nossos pais, fantasma de
Todos nós, dos sonhos de nossos filhos, ali nos lençóis
Que davam sentido ao nosso começo e ao fim,
Vá para o mundo do faz de conta, dos círculos de cores

E alfabetos primitivos e do boi que faz careta,
Careta, boi da cara preta, nesse mundo tão novo
Quanto o confim ao qual você se dirige,
Salve, salve e adeus. Olá, tchau, tchau. Ó guardião
Do profano graal, caveira dos nossos sonhos.

## **METAPHORS**

*I'm a riddle in nine syllables,*
*An elephant, a ponderous house,*
*A melon strolling on two tendrils.*
*O red fruit, ivory, fine timbers!*
*This loaf's big with its yeasty rising.*
*Money's new-minted in this fat purse.*
*I'm a means, a stage, a cow in calf.*
*I've eaten a bag of green apples,*
*Boarded the train there's no getting off.*

## METÁFORAS

Sou uma charada em nove sílabas,
Um elefante, casa pesada,
Melão andando sobre gavinhas.
Fruto rubro, marfim, finas vigas!
O pão se avoluma com fermento.
A carteira cheia de dinheiro.
Sou o meio, o entre, a vaca prenhe.
Devorei uma bolsa de maçãs,
Se entrar no trem, não dá pra sair.

## BLACK ROOK IN RAINY WEATHER

On the stiff twig up there
Hunches a wet black rook
Arranging and rearranging its feathers in the rain.
I do not expect a miracle
Or an accident

To set the sight on fire
In my eye, nor seek
Any more in the desultory weather some design,
But let spotted leaves fall as they fall,
Without ceremony, or portent.

Although, I admit, I desire,
Occasionally, some backtalk
From the mute sky, I can't honestly complain:
A certain minor light may still
Leap incandescent

Out of kitchen table or chair
As if a celestial burning took
Possession of the most obtuse objects now and then—
Thus hallowing an interval
Otherwise inconsequent

By bestowing largesse, honor,
One might say love. At any rate, I now walk
Wary (for it could happen

## GRALHA NEGRA EM TEMPO CHUVOSO

No alto do galho, arqueada,
Uma gralha negra molhada
Ajeita e torna a ajeitar suas penas na chuva.
Não espero um milagre
Ou desfecho

Que traga aos olhos
Êxtase, nem procuro,
No clima inconstante, algum sentido,
Apenas deixo a folha cair como se cai,
Sem cerimônia nem mau agouro.

Embora, confesso, às vezes
Eu queira ouvir algum desaforo
Do céu mudo, na verdade não posso reclamar:
Certa luz menor pode ainda se lançar,
Incandescente,

Da mesa ou da cadeira da cozinha,
Como se um fogo celestial tomasse
Conta, aqui e ali, dos objetos mais obtusos,
Santificando, assim, um instante —
Que de outro modo não teria valia

Dando-lhe grandeza, honra,
E até amor. Em todo caso, agora caminho
Com cuidado (pois, até nessa paisagem

*Even in this dull, ruinous landscape); skeptical,
Yet politic; ignorant*

*Of whatever angel may choose to flare
Suddenly at my elbow. I only know that a rook
Ordering its black feathers can so shine
As to seize my senses, haul
My eyelids up, and grant*

*A brief respite from fear
Of total neutrality. With luck,
Trekking stubborn through this season
Of fatigue, I shall
Patch together a content*

*Of sorts. Miracles occur,
If you care to call those spasmodic
Tricks of radiance miracles. The wait's begun again,
The long wait for the angel,
For that rare, random descent.*

Sem graça, algo pode acontecer); vou cética,
Mas também prudente; ignorando

Se um anjo decidir de repente surgir
Ao meu lado. Só sei que uma gralha
Ajeitando as penas negras pode brilhar
Para captar meus sentidos, içar
Minhas pálpebras e me conceder

Um breve respiro do medo
Da mesmice. Com um pouco de sorte,
Se eu seguir obstinada nessa temporada
De cansaço, posso conseguir
Remendar

Algumas coisas. Milagres acontecem
Se você chamar essas brincadeiras
Sem fim de milagres radiantes. A espera começou
Outra vez, essa longa espera pelo anjo,
Pela vinda dele, tão rara e imprevisível.

## A WINTER SHIP

At this wharf there are no grand landings to speak of.
Red and orange barges list and blister
Shackled to the dock, outmoded, gaudy,
And apparently indestructible.
The sea pulses under a skin of oil.

A gull holds his pose on a shanty ridgepole,
Riding the tide of the wind, steady
As wood and formal, in a jacket of ashes,
The whole flat harbor anchored in
The round of his yellow eye-button.

A blimp swims up like a day-moon or tin
Cigar over his rink of fishes.
The prospect is dull as an old etching.
They are unloading three barrels of little crabs.
The pier pilings seem about to collapse

And with them that rickety edifice
Of warehouses, derricks, smokestacks and bridges
In the distance. All around us the water slips
And gossips in its loose vernacular,
Ferrying the smells of dead cod and tar.

Farther out, the waves will be mouthing icecakes—
A poor month for park-sleepers and lovers.
Even our shadows are blue with cold.

## BARCO DE INVERNO

Neste cais não há desembarques grandiosos.
Os barcos vermelhos e alaranjados balançam
Presos à doca, antiquados, de mau gosto,
À primeira vista indestrutíveis.
O mar pulsa sob uma pele de óleo.

A gaivota pousada na viga de uma choupana
Navega na maré do vento, firme
Feito madeira, e cerimonioso, num casaco de cinzas,
Todo o porto ancorado
No botão redondo de seu olho amarelo.

Um aeroplano que flutua lembra uma lua em pleno dia ou
Uma latinha de charuto no tanque de peixes.
A paisagem é desbotada como uma gravura antiga.
Três barris com minicaranguejos são descarregados.
As estacas do píer estão a ponto de desabar

Arrastando, com elas, a construção instável
De armazéns, gruas, chaminés e pontes que ficam
À distância. Ao redor, a água resvala,
Tagarela em seu vernáculo pouco exato,
Espalhando o fedor de peixe morto e alcatrão.

Adiante, ondas devoram pedaços de gelo.
Um mês árduo para os que dormem nos parques
E para os amantes. No frio, até as sombras são azuis.

*We wanted to see the sun come up*
*And are met, instead, by this iceribbed ship,*

*Bearded and blown, an albatross of frost,*
*Relic of tough weather, every winch and stay*
*Encased in a glassy pellicle.*
*The sun will diminish it soon enough:*
*Each wave-tip glitters like a knife.*

Queríamos ver o sol nascendo; em vez disso
Deparamos com este barco glacial,

Barbudo e golpeado, um albatroz atroz,
Relíquia do mau tempo, o cabo e a manivela
Cobertos por uma película vítrea.
Em breve o sol virá minimizar o estrago:
Cada crista de onda cintila como uma faca.

**FULL FATHOM FIVE**

*Old man, you surface seldom.*
*Then you come in with the tide's coming*
*When seas wash cold, foam-*

*Capped: white hair, white beard, far-flung,*
*A dragnet, rising, falling, as waves*
*Crest and trough. Miles long*

*Extend the radial sheaves*
*Of your spread hair, in which wrinkling skeins*
*Knotted, caught, survives*

*The old myth of origins*
*Unimaginable. You float near*
*As keeled ice-mountains*

*Of the north, to be steered clear*
*Of, not fathomed. All obscurity*
*Starts with a danger:*

*Your dangers are many. I*
*Cannot look much but your form suffers*
*Some strange injury*

*And seems to die: so vapors*
*Ravel to clearness on the dawn sea.*
*The muddy rumors*

## A CINCO BRAÇAS DE PROFUNDIDADE

Ancião, é tão raro você vir à superfície.
Até que um dia com a maré cheia você vem
Quando o mar bate frio, coberto de

Espuma: cabelo branco, barba branca, à distância,
Uma rede, sobe, desce, sobe pelas ondas
Nas cristas, nas baixas. Por metros a fio

Se expande o feixe de raios do seu
Cabelo, no qual as madeixas crispadas
Enredadas, presas, sobrevivem

Ao velho mito inimaginável
Das origens. Você boiando parece
O cume das montanhas geladas

Do norte, quer se manter à parte
E não afundar. Toda a escuridão
Começa com um perigo:

Seus perigos são tantos. Não
Vejo direito, mas parece que você
Tem uma estranha ferida

E está prestes a morrer: a bruma se
Dissipa e é quando se vê o mar da aurora.
Rumores confusos sobre

*Of your burial move me
To half-believe: your reappearance
Proves rumors shallow,*

*For the archaic trenched lines
Of your grained face shed time in runnels:
Ages beat like rains*

*On the unbeaten channels
Of the ocean. Such sage humor and
Durance are whirlpools*

*To make away with the ground-
Work of the earth and the sky's ridgepole.
Waist down, you may wind*

*One labyrinthine tangle
To root deep among knuckles, shinbones,
Skulls. Inscrutable,*

*Below shoulders not once
Seen by any man who kept his head,
You defy questions;*

*You defy other godhood.
I walk dry on your kingdom's border
Exiled to no good.*

*Your shelled bed I remember.
Father, this thick air is murderous.
I would breathe water.*

Seu enterro me levam
A certa descrença: quando você reaparece,
Entendo que os rumores são rasos,

Pois as rugas fundas de seu rosto
Derramam o tempo nos regatos:
As épocas colidem como a chuva

Sobre os canais inexplorados
Do oceano. Tal humor sábio
E a resistência são redemoinhos

Para destruir os alicerces
Da terra e as vigas do céu.
Da cintura pra baixo, você se enrola

Nesse labirinto confuso para
Se enraizar fundo entre as articulações, tíbias,
Crânios. Insondável,

Nunca visto antes
Em carne e osso por qualquer homem sensato
Você desafia as perguntas;

Desafia o divino.
Eu caminho seca na fronteira do seu reino,
Exilada em vão.

Lembro-me do seu leito de conchas.
Pai, esse ar carregado é mortífero.
Seria melhor respirar a água.

## MAUDLIN

Mud-mattressed under the sign of the hag
In a clench of blood, the sleep-talking virgin
Gibbets with her curse the moon's man,
Faggot-bearing Jack in his crackless egg:

Hatched with a claret hogshead to swig
He kings it, navel-knit to no groan,
But at the price of a pin-stitched skin
Fish-tailed girls purchase each white leg.

**SENTIMENTAL**

Sob o signo da bruxa, sobre um colchão de lama,
Numa poça de sangue, a virgem sonâmbula
Lança sua maldição ao homem da lua, Jack,
Que, dentro da casca de ovo, carrega lenha e rama:

Ele eclode com um barril de vinho, sem drama,
E logo o coroa, não está preso a ninguém,
Mas ao preço de uma pele costurada, garotas
Com rabo de peixe trocam por pernas suas escamas.

**BLUE MOLES**

*1.*

*They're out of the dark's ragbag, these two
Moles dead in the pebbled rut,
Shapeless as flung gloves, a few feet apart—
Blue suede a dog or fox has chewed.
One, by himself, seemed pitiable enough,
Little victim unearthed by some large creature
From his orbit under the elm root.
The second carcass makes a duel of the affair:
Blind twins bitten by bad nature.*

*The sky's far dome is sane and clear.
Leaves, undoing their yellow caves
Between the road and the lake water,
Bare no sinister spaces. Already
The moles look neutral as the stones.
Their corkscrew noses, their white hands
Uplifted, stiffen in a family pose.
Difficult to imagine how fury struck—
Dissolved now, smoke of an old war.*

## TOUPEIRAS AZUIS

1.

Fora do balaio escuro as duas toupeiras
Mortas na vala de seixos,
Disformes como luvas jogadas no chão —
Camurça azul mordida por cão ou raposa.
Uma, por si só, já é de dar dó,
Pequena vítima arrancada de seu lugar,
Sob a raiz do olmo, por alguma criatura vultosa.
A segunda carcaça faz desse caso um duelo:
Gêmeos cegos mordidos pela natureza cruel.

O domo distante do céu está são e límpido.
As folhas, desfazendo as tocas amarelas
Entre a estrada e o lago,
Não revelam espaços sinistros. As toupeiras
Parecem tão neutras quanto as pedras.
Focinho de saca-rolhas, mãozinhas brancas
Erguidas, paralisadas numa foto de família.
É duro imaginar o furor do ataque —
Agora findo, fumaça de uma guerra antiga.

2.

*Nightly the battle-shouts start up*
*In the ear of the veteran, and again*
*I enter the soft pelt of the mole.*
*Light's death to them: they shrivel in it.*
*They move through their mute rooms while I sleep,*
*Palming the earth aside, grubbers*
*After the fat children of root and rock.*
*By day, only the topsoil heaves.*
*Down there one is alone.*

*Outsize hands prepare a path,*
*They go before: opening the veins,*
*Delving for the appendages*
*Of beetles, sweetbreads, shards—to be eaten*
*Over and over. And still the heaven*
*Of final surfeit is just as far*
*From the door as ever. What happens between us*
*Happens in darkness, vanishes*
*Easy and often as each breath.*

2.

Todas as noites, os gritos da batalha
Perturbam o ouvido do veterano, e de novo
Eu entro na pelagem macia da toupeira.
A luz é a morte para elas: ali, definham.
Passeiam por cômodos mudos enquanto eu durmo,
Escavam a terra com as mãos
Em busca de robustos filhos de raízes e pedras.
De dia, só o solo se eleva.
Lá embaixo, a solidão.

Mãos gigantes preparam o caminho,
Vão na frente: abrem os veios,
Buscando restos de besouros,
Tripas de bichos, cacos — para comer,
Comer, comer. Mesmo assim, o paraíso
Da saciedade segue longe
De casa, como sempre. O que acontece entre nós
Acontece no escuro e facilmente
Se desvanece, em geral a cada fôlego.

## STRUMPET SONG

With white frost gone
And all green dreams not worth much,
After a lean day's work
Time comes round for that foul slut:
Mere bruit of her takes our street
Until every man,
Red, pale or dark,
Veers to her slouch.

Mark, I cry, that mouth
Made to do violence on,
That seamed face
Askew with blotch, dint, scar
Struck by each dour year.
Walks there not some such one man
As can spare breath
To patch with brand of love this rank grimace
Which out from black tam, ditch and cup
Into my most chaste own eyes
Looks up.

## CANÇÃO DA PROSTITUTA

Já derretida a geada branca
E os sonhos verdes que não valem nada,
Após um dia escasso de trabalho
Chega a hora dessa puta depravada:
Um mero boato sobre ela toma nossas ruas
Até que todos os homens,
Ruivos, brancos ou negros,
Se desviam do seu desleixo.

Veja só, eu grito, essa boca
Feita para a violência,
Esse rosto disforme,
Cheio de manchas, socos, cortes,
A cada ano duro, mais um murro.
Por ali não passa um único homem sequer
Com ânimo para
Remendar, com o ferro do amor, o horror do seu rosto,
Este rosto que, do fosso da sarjeta,
Busca alguma coisa lá no fundo dos meus
Olhos castos.

**OUIJA**

*It is a chilly god, a god of shades,*
*Rises to the glass from his black fathoms.*
*At the window, those unborn, those undone*
*Assemble with the frail paleness of moths,*
*An envious phosphorescence in their wings.*
*Vermilions, bronzes, colors of the sun*
*In the coal fire will not wholly console them.*
*Imagine their deep hunger, deep as the dark*
*For the blood-heat that would ruddle or reclaim.*
*The glass mouth sucks blood-heat from my forefinger.*
*The old god dribbles, in return, his words.*

*The old god, too, writes aureate poetry*
*In tarnished modes, maundering among the wastes,*
*Fair chronicler of every foul declension.*
*Age, and ages of prose, have uncoiled*
*His talking whirlwind, abated his excessive temper*
*When words, like locusts, drummed the darkening air*
*And left the cobs to rattle, bitten clean.*
*Skies once wearing a blue, divine hauteur*
*Ravel above us, mistily descend,*
*Thickening with motes, to a marriage with the mire.*

*He hymns the rotten queen with saffron hair*
*Who has saltier aphrodisiacs*
*Than virgins' tears. That bawdy queen of death,*
*Her wormy couriers are at his bones.*
*Still he hymns juice of her, hot nectarine.*

**OUIJA**

É um deus hostil, deus das sombras,
Sobe das profundezas sombrias até o copo.
Os não nascidos, os arruinados se juntam
Na janela à frágil palidez das mariposas,
Em suas asas, um tom fosforescente de dar inveja.
Bronzes, escarlates, as cores do sol no carvão
Em brasa não vão consolá-los de todo.
Pensem na fome deles, funda como a noite,
Em busca do calor sanguíneo revigorante.
A borda do copo suga o calor do meu dedo.
E, em troca, o antigo deus goteja suas palavras.

O antigo deus também escreve poesia aurática.
Enferrujado, divaga por entre os restos,
Falante fiel de cada declinação.
O ano, e os anos de prosa, desenrolaram
A fala confusa e aplacaram o temperamento dele
Quando as palavras, feito gafanhotos, tamborilaram
No ar escuro, deixando as espigas no talo.
Os céus outrora vestidos com um divino orgulho azul
Se enredam sobre nós, descem na névoa
Cada vez mais espessa para se juntar à lama.

Ele louva a rainha podre com cabelos de açafrão
Dona de afrodisíacos mais picantes do que
Lágrimas de virgem. Devassa rainha da morte,
Seus mensageiros moram nos ossos do deus.
Mesmo assim ele louva o suco dela, nectarina quente.

*I see him, horny-skinned and tough, construe*
*What flinty pebbles the ploughblade upturns*
*As ponderable tokens of her love.*
*He, godly, doddering, spells*
*No succinct Gabriel from the letters here*
*But floridly, his amorous nostalgias.*

Eu o observo enquanto ele, com a libido à flor da pele,
Lê no cascalho revirado pela lâmina do arado
As provas evidentes do amor de sua rainha.
Divino, titubeando, ele soletra
Não as letras de um sucinto Gabriel,
Mas, em estilo florido, suas nostalgias amorosas.

**MAN IN BLACK**

Where the three magenta
Breakwaters take the shove
And suck of the gray sea

To the left, and the wave
Unfists against the dun
Barb-wired headland of

The Deer Island prison
With its trim piggeries,
Hen huts and cattle green

To the right, and March ice
Glazes the rock pools yet,
Snuff-colored sand cliffs rise

Over a great stone spit
Bared by each falling tide,
And you, across those white

Stones, strode out in your dead
Black coat, black shoes, and your
Black hair till there you stood,

Fixed vortex on the far
Tip, riveting stones, air,
All of it, together.

**HOMEM DE PRETO**

Ali onde os três quebra-mares
Cor de magenta detêm a pressão
E desviam o mar cinzento

Para a esquerda, e a onda
Se dissipa no encontro com
O arame farpado na península da

Prisão de Deer Island, com
Seus chiqueiros arrumados,
Galinheiros, pasto para o gado

À direita, e o gelo de março ainda
Esmalta as poças entre as pedras,
E o penhasco de areia se ergue

Sobre uma enorme língua rochosa
À mostra a cada maré baixa,
E você, em meio às pedras

Brancas, veio andando a passos largos,
Sobretudo preto, sapatos pretos e
Cabelo preto, até que parou bem ali,

Torvelinho cravado naquela ponta
Distante, tanta pedra, tanto ar,
Tanta coisa ao mesmo tempo.

## **SNAKECHARMER**

*As the gods began one world, and man another,*
*So the snakecharmer begins a snaky sphere*
*With moon-eye, mouth-pipe. He pipes. Pipes green. Pipes water.*

*Pipes water green until green waters waver*
*With reedy lengths and necks and undulatings.*
*And as his notes twine green, the green river*

*Shapes its images around his songs.*
*He pipes a place to stand on, but no rocks,*
*No floor: a wave of flickering grass tongues*

*Supports his foot. He pipes a world of snakes,*
*Of sways and coilings, from the snake-rooted bottom*
*Of his mind. And now nothing but snakes*

*Is visible. The snake-scales have become*
*Leaf, become eyelid; snake-bodies, bough, breast*
*Of tree and human. And he within this snakedom*

*Rules the writhings which make manifest*
*His snakehood and his might with pliant tunes*
*From his thin pipe. Out of this green nest*

*As out of Eden's navel twist the lines*
*Of snaky generations: let there be snakes!*
*And snakes there were, are, will be-till yawns*

## O ENCANTADOR DE SERPENTES

Os deuses criaram um mundo; o homem, outro,
E o encantador de serpentes criou uma esfera sinuosa com
Olho-de-lua e flauta-na-boca. Ele sopra a flauta. Verde. Água.

De tanto soprar o verde da água, as águas verdes
Vibram em meio aos juncos, pontais e ondas.
Enquanto as notas se retorcem verdes, o rio verde

Dá forma às imagens das suas melodias.
Ele sopra um lugar para ficar, sem pedras,
Sem chão: uma onda de grama que oscila

Sob os pés. Do fundo do seu espírito de víbora
Ele sopra um mundo serpentino que vacila,
Repleto de espirais. E agora só restam as

Serpentes. As escamas das serpentes se transformam
Em folhas, em olhos; em corpo de serpente, troncos
De árvore e de gente. E do seu reino de serpentes

Ele rege as torções que só confirmam: ele é dono
De uma alma de serpente, com a melodia que sai
De sua flauta fina. Eis que surgem, do ninho verde,

Bem como do umbigo do Éden, os cordões de uma
Geração de serpentes: que se façam as serpentes!
E se fizeram, se fazem, se farão — até que o sono

*Consume this piper and he tires of music*
*And pipes the world back to the simple fabric*
*Of snake-warp, snake-weft. Pipes the cloth of snakes*

*To a melting of green waters, till no snake*
*Shows its head, and those green waters back to*
*Water, to green, to nothing like a snake.*
*Puts up his pipe, and lids his moony eye.*

Consuma sua flauta e ele se canse da música
E sopre o mundo de volta ao simples tecido urdido,
Uma pele de serpentes. Que ele sopre as serpentes para as

Águas verdes, até que nenhuma delas fique mais
À mostra, e as águas esverdeadas voltem a ser
Só água, só verde, nada a ver com uma serpente.
E ele deixe de lado a flauta e cubra seu olho de lua.

## **THE HERMIT AT OUTERMOST HOUSE**

*Sky and sea, horizon-hinged*
*Tablets of blank blue, couldn't,*
*Clapped shut, flatten this man out.*

*The great gods, Stone-Head, Claw-Foot,*
*Winded by much rock-bumping*
*And claw-threat, realized that.*

*For what, then, had they endured*
*Dourly the long hots and colds,*
*Those old despots, if he sat*

*Laugh-shaken on his doorsill,*
*Backbone unbendable as*
*Timbers of his upright hut?*

*Hard gods were there, nothing else.*
*Still he thumbed out something else.*
*Thumbed no stony, horny pot,*

*But a certain meaning green.*
*He withstood them, that hermit.*
*Rock-face, crab-claw verged on green.*

*Gulls mulled in the greenest light.*

## O EREMITA DA CASA MAIS LONGÍNQUA

Céu e mar, blocos de azul e branco
Encaixados no horizonte, não poderiam,
Mesmo fechados, apagar este homem.

Cabeça de Pedra e Pés de Garra,
Deuses exaustos de tanta pedraria
E ameaças, conseguiram entender.

Em nome do quê, então, suportaram,
Obstinados, temporadas de calor e de frio,
Esses velhos déspotas, quando

O homem se sentava na soleira
Da porta gargalhando, a coluna sólida
Como as vigas de seu casebre?

Os deuses estavam lá firmes e fortes.
Ainda assim, ele mexia com outra coisa.
Não um vaso de pedra, sólido,

Mas certo verde cheio de sentido.
Ele resistiu aos deuses, esse eremita.
Rosto pétreo, garras, na beirada do verde.

As gaivotas meditavam sob a luz esverdeada.

## THE DISQUIETING MUSES

Mother, mother, what illbred aunt
Or what disfigured and unsightly
Cousin did you so unwisely keep
Unasked to my christening, that she
Sent these ladies in her stead
With heads like darning-eggs to nod
And nod and nod at foot and head
And at the left side of my crib?

Mother, who made to order stories
Of Mixie Blackshort the heroic bear,
Mother, whose witches always, always
Got baked into gingerbread, I wonder
Whether you saw them, whether you said
Words to rid me of those three ladies
Nodding by night around my bed,
Mouthless, eyeless, with stitched bald head.

In the hurricane, when father's twelve
Study windows bellied in
Like bubbles about to break, you fed
My brother and me cookies and Ovaltine
And helped the two of us to choir:
"Thor is angry: boom boom boom!
Thor is angry: we don't care!"
But those ladies broke the panes.

## AS MUSAS INQUIETANTES

Mamãe, mamãe, qual tia mal-educada
Ou prima feia, desfigurada,
Fez com que você, tão insensata,
Não a convidasse pro meu batizado, e
Mandasse em seu lugar essas damas,
Cabeças-de-ovo, que só diziam sim
Sim sim na cabeceira, ao pé e
No lado esquerdo do meu berço?

Mamãe, você que inventou as histórias
Do urso heroico Mixie Blackshort,
Mamãe, cujas bruxas sempre sempre
Viravam bolo de gengibre, será que
Você via mesmo cada uma delas, ou falava
Só pra me livrar das três damas que à noite,
Rondando minha cama, faziam que sim
Sem boca nem olhos, o crânio liso costurado.

No furacão, quando as doze janelas do
Escritório do papai inflaram como
Bolhas prestes a estourar, você nos entupiu,
A mim e ao meu irmão, de biscoitos e
Ovomaltine e nos ajudou a cantar em coro:
"Thor está zangado: bum bum bum!
Thor está zangado: não damos a mínima!"
Mas elas quebraram as vidraças.

*When on tiptoe the schoolgirls danced,*
*Blinking flashlights like fireflies*
*And singing the glowworm song, I could*
*Not lift a foot in the twinkle-dress*
*But, heavy-footed, stood aside*
*In the shadow cast by my dismal-headed*
*Godmothers, and you cried and cried:*
*And the shadow stretched, the lights went out.*

*Mother, you sent me to piano lessons*
*And praised my arabesques and trills*
*Although each teacher found my touch*
*Oddly wooden in spite of scales*
*And the hours of practicing, my ear*
*Tone-deaf and yes, unteachable.*
*I learned, I learned, I learned elsewhere,*
*From muses unhired by you, dear mother.*

*I woke one day to see you, mother,*
*Floating above me in bluest air*

*On a green balloon bright with a million*
*Flowers and bluebirds that never were*
*Never, never, found anywhere.*
*But the little planet bobbed away*
*Like a soap-bubble as you called: Come here!*
*And I faced my traveling companions.*

*Day now, night now, at head, side, feet,*
*They stand their vigil in gowns of stone,*
*Faces blank as the day I was born,*
*Their shadows long in the setting sun*

Quando as meninas dançavam na ponta dos pés
Com luzinhas piscando feito pirilampos e
Cantando a canção dos vagalumes, não
Consegui levantar o pé, o vestido cheio de brilho,
Mas fiquei ao lado, parada, pesada,
À sombra dessas madrinhas
Tristonhas, e você chorou, chorou:
A sombra se ampliou e as luzes se apagaram.

Mamãe, você me levou para as aulas de piano
E elogiou meus arabescos e trinados,
Embora os professores achassem meus dedos
Duros; apesar das tantas escalas, das
Muitas horas de treino, eu não tinha o
Ouvido musical e era incapaz de aprender.
Mas aprendi com elas, mãezinha, sim, sim,
Essas musas que você não contratou.

Um dia acordei e você estava lá, mamãe,
Flutuando em cima de mim no ar azulado,

Dentro de um balão verde, brilhante, com tantas
Flores e pássaros azuis nunca antes encontrados,
Nunca, nunca, em nenhum lado.
Mas o pequeno planeta saiu voando como
Bolha de sabão quando você chamou: vem cá!
E eu encarei minhas colegas de viagem.

Dia e noite, à cabeceira, ao lado e aos pés da cama,
As três persistem na vigília, vestidas de pedra,
Sem expressão, como no dia em que nasci,
Suas sombras anseiam pelo sol se pondo,

*That never brightens or goes down.*
*And this is the kingdom you bore me to,*
*Mother, mother. But no frown of mine*
*Will betray the company I keep.*

Sol que nunca ilumina nem se vai.
Eis o reino ao qual você me arrastou,
Mamãe, mamãe. Mas nem se eu fizer uma cara feia
Vou trair minhas companheiras de plantão.

## **MEDALLION**

*By the gate with star and moon*
*Worked into the peeled orange wood*
*The bronze snake lay in the sun*

*Inert as a shoelace; dead*
*But pliable still, his jaw*
*Unhinged and his grin crooked,*

*Tongue a rose-colored arrow.*
*Over my hand I hung him.*
*His little vermilion eye*

*Ignited with a glassed flame*
*As I turned him in the light;*
*When I split a rock one time*

*The garnet bits burned like that.*
*Dust dulled his back to ochre*
*The way sun ruins a trout.*

*Yet his belly kept its fire*
*Going under the chainmail,*
*The old jewels smoldering there*

*In each opaque belly-scale:*
*Sunset looked at through milk glass.*
*And I saw white maggots coil*

**MEDALHÃO**

Perto do portão onde estão talhados
Uma lua e uma estrela na madeira,
A cobra de bronze jazia ao sol

Inerte como um cadarço; morta
Mas ainda maleável, a mandíbula
Desalinhada e um sorriso torto,

A língua, uma seta cor-de-rosa.
Segurei-a com a mão.
O olhinho aceso, avermelhado,

Brilhou feito uma chama vítrea
Quando a luz nele incidiu;
Um dia, quando parti uma pedra,

Os pedaços ficaram assim em brasa.
O pó polvilhou de ocre as costas dela
Como o sol corroendo uma truta.

Mas no ventre ainda restava o fogo
Passando sob a cota de malha,
As velhas joias ardendo na

Barriga, em cada escama opaca:
Pôr do sol quando atravessa um vidro leitoso.
E eu vi larvas brancas ondularem,

*Thin as pins in the dark bruise*
*Where his innards bulged as if*
*He were digesting a mouse.*

*Knifelike, he was chaste enough,*
*Pure death's-metal. The yardman's*
*Flung brick perfected his laugh.*

Fininhas feito alfinetes, sobre a ferida roxa
Onde as vísceras da cobra se avolumavam
Como se digerissem um rato.

Agora ela era casta, faca afiada,
Puro metal da morte. O tijolo arremessado
Pelo jardineiro coroou o sorriso dela.

## TWO SISTERS OF PERSEPHONE

Two girls there are: within the house
One sits; the other, without.
Daylong a duet of shade and light
Plays between these.

In her dark wainscoted room
The first works problems on
A mathematical machine.
Dry ticks mark time

As she calculates each sum.
At this barren enterprise
Rat-shrewd go her squint eyes,
Root-pale her meager frame.

Bronzed as earth, the second lies,
Hearing ticks blown gold
Like pollen on bright air. Lulled
Near a bed of poppies,

She sees how their red silk flare
Of petaled blood
Burns open to sun's blade.
On that green altar

Freely become sun's bride, the latter
Grows quick with seed.

## AS DUAS IRMÃS DE PERSÉFONE

Duas garotas: uma sentada
Dentro da casa; a outra, fora.
O dia todo um jogo duplo
Entre as duas: luz e sombra.

No quarto escuro de madeira
A primeira resolve problemas
Matemáticos numa calculadora.
Um tique-taque seco marca o tempo

Enquanto ela faz cada cálculo.
Nessa árdua tarefa, seus olhos estrábicos
Lembram ratos sagazes, e seu porte,
Minguado, uma raiz pálida.

Já a segunda, bronzeada como a terra,
Está deitada ouvindo o tique-taque dourado
Do pólen que paira no ar reluzente.
Embalada num leito de papoulas,

Vê o lampejo vermelho e sedoso
E sanguíneo de pétalas que ardem
Abertas sob a lâmina do sol.
Neste altar verde, ela se torna,

De bom grado, a noiva do sol,
E logo cresce com a semente.

*Grass-couched in her labor's pride,*
*She bears a king. Turned bitter*

*And sallow as any lemon,*
*The other, wry virgin to the last,*
*Goes graveward with flesh laid waste,*
*Worm-husbanded, yet no woman.*

Num leito de grama, cheia de orgulho,
Dá à luz um rei. A outra, amarga

E azeda como limão,
Virgem sarcástica até o fim,
Um pé na cova e a carne devastada,
Cheia de vermes, sem nunca ter sido mulher.

## THE COMPANIONABLE ILLS

*The nose-end that twitches, the old imperfections—*
*Tolerable now as moles on the face*
*Put up with until chagrin gives place*
*To a wry complaisance—*

*Dug in first as God's spurs*
*To start the spirit out of the mud*
*It stabled in; long-used, became well-loved*
*Bedfellows of the spirit's debauch, fond masters.*

## OS DEFEITOS DE ESTIMAÇÃO

Um cacoete na ponta do nariz, velhos defeitos —
Agora toleráveis, como uma pinta no rosto,
Com que se convive, até que vire, a contragosto,
Sorriso forçado —

Primeiro, sofrem pressão, como as esporas
De Deus, e depois saem da lama em que
Estavam; já bem rodados, tornam-se bons parceiros
Do deboche espiritual, esses mestres adorados.

## MOONRISE

*Grub-white mulberries redden among leaves.*
*I'll go out and sit in white like they do,*
*Doing nothing. July's juice rounds their nubs.*

*This park is fleshed with idiot petals.*
*White catalpa flowers tower, topple,*
*Cast a round white shadow in their dying.*

*A pigeon rudders down. Its fan-tail's white.*
*Vocation enough: opening, shutting*
*White petals, white fan-tails, ten white fingers.*

*Enough for fingernails to make half-moons*
*Redden in white palms no labor reddens.*
*White bruises toward color, else collapses.*

*Berries redden. A body of whiteness*
*Rots, and smells of rot under its headstone*
*Though the body walk out in clean linen.*

*I smell that whiteness here, beneath the stones*
*Where small ants roll their eggs, where grubs fatten.*
*Death may whiten in sun or out of it.*

*Death whitens in the egg and out of it.*
*I can see no color for this whiteness.*
*White: it is a complexion of the mind.*

**NASCE A LUA**

Entre as folhas, as amoras brancas vão ficando coradas.
Saio e me sento como elas, de branco,
Sem fazer nada. O verão estufa seus gomos.

Este parque é farto de pétalas tardias.
Flores brancas brotam, desabam e, ao morrer,
Lançam uma sombra branca arredondada.

Um pombo pousa. Seu rabo em leque é branco.
A vocação basta: abre, fecha,
Pétalas, rabo em leque, dez dedos: tudo branco.

Para as unhas, basta avermelhar as meias-luas
Das brancas mãos que nenhuma labuta avermelhou.
O branco se fere e se colore, senão colapsa.

As amoras coram. Um corpo alvo
Apodrece, um cheiro de podre sob a lápide,
Embora o corpo parta com uma roupa limpa.

Aqui sinto o odor da brancura, sob as pedras
Onde as formigas levam os ovos e as larvas engordam.
A morte pode alvejar ao sol ou sem ele.

A morte alveja dentro do ovo e fora dele.
Por causa da brancura, não vejo cor alguma.
Branco: é uma compleição espiritual.

*I tire, imagining white Niagaras*
*Build up from a rock root, as fountains build*
*Against the weighty image of their fall.*

*Lucina, bony mother, laboring*
*Among the socketed white stars, your face*
*Of candor pares white flesh to the white bone,*

*Who drag our ancient father at the heel,*
*White-bearded, weary. The berries purple*
*And bleed. The white stomach may ripen yet.*

É cansativo imaginar as águas brancas de Niágaras
Sobre uma raiz rochosa, cachoeira erguida
Contra a pesada imagem de sua própria queda.

Lucina, mãe ossuda, trabalha entre
As estrelas acesas, o rosto cândido
Descasca a carne branca até o osso,

Ela arrasta nosso velho pai pelo calcanhar,
Barba branca, cansado. As amoras se tornam roxas
E sangram. Talvez o estômago branco ainda amadureça.

**SPINSTER**

*Now this particular girl
During a ceremonious April walk
With her latest suitor
Found herself, of a sudden, intolerably struck
By the birds' irregular babel
And the leaves' litter.*

*By this tumult afflicted, she
Observed her lover's gestures unbalance the air,
His gait stray uneven
Through a rank wilderness of fern and flower.
She judged petals in disarray,
The whole season, sloven.*

*How she longed for winter then!—
Scrupulously austere in its order
Of white and black
Ice and rock, each sentiment within border,
And heart's frosty discipline
Exact as a snowflake.*

*But here—a burgeoning
Unruly enough to pitch her five queenly wits
Into vulgar motley—
A treason not to be borne. Let idiots
Reel giddy in bedlam spring:
She withdrew neatly.*

## SOLTEIRONA

Era abril então e essa garota aqui
Estava dando um passeio solene
Com seu último pretendente,
Quando se sentiu, de repente,
Tomada pelo alvoroço dos pássaros,
Pelo barulho das folhas.

Aflita com o tumulto, ela
Observou os gestos do amante e
Seus passos irregulares se desviando
Para uma zona selvagem de flores e flora.
Ela achou as pétalas bagunçadas,
Toda a estação desalinhada.

E desejou tanto estar no inverno! —
Austero, tudo em ordem
O preto, o branco,
O gelo, a pedra, cada sentimento no lugar,
E a disciplina fria do coração
Tão exata quanto um floco de neve.

Mas aqui — um florescer
Desvairado, capaz de atirar seu bom senso de rainha
Numa miscelânea grosseira —
Traição intolerável. Que os idiotas
Fiquem no hospício da primavera batendo cabeça:
Ela foi embora.

And round her house she set
Such a barricade of barb and check
Against mutinous weather
As no mere insurgent man could hope to break
With curse, fist, threat
Or love, either.

E, ao redor de sua casa, ergueu
Uma barricada cheia de farpas
Contra essa estação rebelde.
Já nenhum homem insurgente virá destruir
Seu muro, nem com praga, punho, ameaça,
E nem com amor.

**FROG AUTUMN**

*Summer grows old, cold-blooded mother.*
*The insects are scant, skinny.*
*In these palustral homes we only*
*Croak and wither.*

*Mornings dissipate in somnolence.*
*The sun brightens tardily*
*Among the pithless reeds. Flies fail us.*
*The fen sickens.*

*Frost drops even the spider. Clearly*
*The genius of plenitude*
*Houses himself elsewhere. Our folk thin*
*Lamentably.*

## OUTONO DAS RÃS

O verão envelhece, agora é mãe de sangue-frio.
Os insetos são escassos e esguios.
Nesse lar de lodo, só se aprende
A coaxar e murchar.

As manhãs se dissipam sonolentas.
O sol resplandece tardio
No bambu vazio. Moscas nos frustram.
O brejo apodrece.

A geada derruba até aranha. Vê-se que
O gênio da plenitude
Mora noutro canto. Tudo aqui mingua
Num lamento.

## MUSSEL HUNTER AT ROCK HARBOR

*I came before the water
Colorists came to get the
Good of the Cape light that scours
Sand grit to sided crystal
And buffs and sleeks the blunt hulls
Of the three fishing smacks beached
On the bank of the river's*

*Backtracking tail. I'd come for
Free fish-bait: the blue mussels
Clumped like bulbs at the grass-root
Margin of the tidal pools.
Dawn tide stood dead low. I smelt
Mud stench, shell guts, gulls' leavings;
Heard a queer crusty scrabble*

*Cease, and I neared the silenced
Edge of a cratered pool-bed.
The mussels hung dull blue and
Conspicuous, yet it seemed
A sly world's hinges had swung
Shut against me. All held still.
Though I counted scant seconds,*

*Enough ages lapsed to win
Confidence of safe-conduct
In the wary otherworld
Eyeing me. Grass put forth claws;*

## PESCA DE MARISCOS EM ROCK HARBOR

Cheguei antes dos pintores
Que tinham vindo em busca
Da melhor luz, a que clareia
Grãos de areia e os transforma em cristais
E lustra e amacia o casco sem arestas
Dos três barcos de pesca ancorados
Às margens da parte de cima

Do rio. Eu tinha vindo em busca
De iscas gratuitas: mariscos azuis
Amontoados feito bulbos nas poças d'água,
Feitas de raízes e mato, formadas pelo vaivém da maré.
A maré da manhã já estava baixa. Senti um fedor
De lama, conchinhas e resquícios das gaivotas;
Ouvi cessar um ruído brusco, áspero,

De algo raspando, e cheguei perto da beirada
Silenciosa de uma dessas poças.
Presos ali, mariscos de um azul apagado,
Mas bem à vista, apesar da impressão que tive
De que um mundo furtivo tinha de repente
Fechado suas portas. Tudo imóvel.
Contei apenas uns parcos segundos,

Mas bastante tempo se passou
Para eu ganhar um salvo-conduto
Daquele desconfiado mundo do além que
Estava à espreita. O mato mostrou suas garras.

*Small mud knobs, nudged from under,*
*Displaced their domes as tiny*
*Knights might doff their casques. The crabs*

*Inched from their pigmy burrows*
*And from the trench-dug mud, all*
*Camouflaged in mottled mail*
*Of browns and greens. Each wore one*
*Claw swollen to a shield large*
*As itself—no fiddler's arm*
*Grown Gargantuan by trade,*

*But grown grimly, and grimly*
*Borne, for a use beyond my*
*Guessing of it. Sibilant*
*Mass-motived hordes, they sidled*
*Out in a converging stream*
*Toward the pool-mouth, perhaps to*
*Meet the thin and sluggish thread*

*Of sea retracing its tide-*
*Way up the river-basin.*
*Or to avoid me. They moved*
*Obliquely with a dry-wet*
*Sound, with a glittery wisp*
*And trickle. Could they feel mud*
*Pleasurable under claws*

*As I could between bare toes?*
*That question ended it—I*
*Stood shut out, for once, for all,*
*Puzzling the passage of their*

Sob a lama, pequenas bolhas surgiam,
Mexendo os domos como minicavaleiros
Que tirassem seus elmos. Eram caranguejos

Que aos poucos saíam de suas tocas de pigmeu e
Dos orifícios de lama, camuflados
Numa carcaça com tons de marrom
E verde. Cada um empunhava, feito
Escudo, uma garra maior que o próprio
Tamanho — não uma garra-violino,
Que cresce colossal de tanto ser usada,

Mas das que crescem de forma sombria
E são toleradas com um objetivo
Que nem posso imaginar. Hordas
De caranguejos saíam de lado
Num fluxo que ia para a
Beira da poça, talvez em busca
Da linha fina do mar,

Refazendo o caminho da maré
Em direção à bacia do rio.
Ou faziam isso para me evitar. Avançavam
De viés, com um som úmido
E seco, respingando
Um rastro brilhante. Será que sentiam
A lama sob suas pinças com o mesmo prazer

Que que eu sentia de pés descalços?
A pergunta encerrou com o assunto — fiquei
À parte, de uma vez por todas,
Intrigada com a forma como eles

*Absolutely alien
Order as I might puzzle
At the clear tail of Halley's*

*Comet coolly giving my
Orbit the go-by, made known
By a family name it
Knew nothing of. So the crabs
Went about their business, which
Wasn't fiddling, and I filled
A big handkerchief with blue*

*Mussels. From what the crabs saw,
If they could see, I was one
Two-legged mussel-picker.
High on the airy thatching
Of the dense grasses I found
The husk of a fiddler-crab,
Intact, strangely strayed above*

*His world of mud—green color
And innards bleached and blown off
Somewhere by much sun and wind;
There was no telling if he'd
Died recluse or suicide
Or headstrong Columbus crab.
The crab-face, etched and set there,*

*Grimaced as skulls grimace: it
Had an Oriental look,
A samurai death mask done
On a tiger tooth, less for*

Passavam, tão organizados,
Do mesmo modo que ficaria intrigada
Com a cauda nítida do cometa

Halley desconsiderando
Com frieza minha órbita, tornando-se
Conhecido por um sobrenome
Do qual ele nada sabia. Os caranguejos
Seguiam seu trabalho, que
Não era em vão, e eu juntei
Mariscos azuis em um grande

Lenço. Pelo olhar dos caranguejos,
Se pudessem ver, eu seria uma
Catadora de mariscos de duas pernas.
Lá no alto do telhado de palha
Espessa encontrei
A casca de um caranguejo-violinista
Intacta, estranhamente isolada por cima

Daquele mundo de lama — de cor verde
E vísceras brancas, espalhadas
Por aí com tanto sol e vento;
Não dá para saber se ele
Tinha morrido recluso ou se suicidado,
Ou se fora um obstinado caranguejo de Colombo.
O rosto dele, gravado, deixado ali,

Num esgar de esqueleto: com
Um olhar oriental,
Máscara mortuária de um samurai
Feita com dente de tigre, menos por amor

*Art's sake than God's. Far from sea—*
*Where red-freckled crab-backs, claws*
*And whole crabs, dead, their soggy*

*Bellies pallid and upturned,*
*Perform their shambling waltzes*
*On the waves' dissolving turn*
*And return, losing themselves*
*Bit by bit to their friendly*
*Element—this relic saved*
*Face, to face the bald-faced sun.*

À arte do que a Deus. Longe do mar —
Onde os dorsos rubros dos crustáceos com
Garras, caranguejos mortos, de barrigas

Molengas e viradas para cima,
Dançam uma valsa trôpega,
No vaivém de ondas
Que se dissolvem, fundindo-se
Pouco a pouco ao seu ambiente
— a relíquia preservada desse
Rosto que, cara a cara, encara o sol.

## THE BEEKEEPER'S DAUGHTER

*A garden of mouthings. Purple, scarlet-speckled, black*
*The great corollas dilate, peeling back their silks.*
*Their musk encroaches, circle after circle,*
*A well of scents almost too dense to breathe in.*
*Hieratical in your frock coat, maestro of the bees,*
*You move among the many-breasted hives,*

*My heart under your foot, sister of a stone.*

*Trumpet-throats open to the beaks of birds.*
*The Golden Rain Tree drips its powders down.*
*In these little boudoirs streaked with orange and red*
*The anthers nod their heads, potent as kings*
*To father dynasties. The air is rich.*
*Here is a queenship no mother can contest—*

*A fruit that's death to taste: dark flesh, dark parings.*

*In burrows narrow as a finger, solitary bees*
*Keep house among the grasses. Kneeling down*
*I set my eye to a hole-mouth and meet an eye*
*Round, green, disconsolate as a tear.*
*Father, bridegroom, in this Easter egg*
*Under the coronal of sugar roses*

*The queen bee marries the winter of your year.*

## A FILHA DO APICULTOR

Jardim de exageros. Roxas, pretas, com toques de rubro,
As grandes corolas se dilatam, abrem suas sedas.
O almíscar se espalha, em espirais,
Manancial de aromas que chegam a asfixiar.
E você, maestro das abelhas, solene com uma sobrecasaca,
Caminha por entre a colmeia de mamilos,

Meu coração sob seus pés, irmã de uma pedra.

Gargantas-trompetes se abrem ao bico dos pássaros.
Da árvore cai uma Chuva Dourada de pólen.
Nesses quartinhos com toques de laranja e vermelho
As anteras inclinam a cabeça, tão potentes quanto reis
Criando suas dinastias. O ar está rico.
Um clima de rainha para mãe nenhuma botar defeito —

Fruta mortal de se provar: polpa e casca escuras.

Em tocas mínimas feito dedos, abelhas solitárias
Cuidam da casa no meio do mato. De joelhos,
Colo o olho num buraquinho e encontro um olho
Redondo, verde, desolado como o pranto.
Papai, você que é noivo, nesse ovinho de Páscoa,
Sob a coroa de rosas de açúcar,

A abelha rainha se casa com o inverno do teu ano.

## **THE TIMES ARE TIDY**

*Unlucky the hero born*
*In this province of the stuck record*
*Where the most watchful cooks go jobless*
*And the mayor's rotisserie turns*
*Round of its own accord.*

*There's no career in the venture*
*Of riding against the lizard,*
*Himself withered these latter-days*
*To leaf-size from lack of action:*
*History's beaten the hazard.*

*The last crone got burnt up*
*More than eight decades back*
*With the love-hot herb, the talking cat,*
*But the children are better for it,*
*The cow milks cream an inch thick.*

**TUDO NO LUGAR**

Infeliz é o herói que nasce
Na cidade do disco arranhado,
Onde o cozinheiro mais notável
Fica desempregado e a rotisseria
Do prefeito é motor que gira sozinho.

Não tem sentido se lançar
Numa luta contra o lagarto,
Ele mesmo reduzido esses dias
Ao tamanho de uma folhinha
Por falta de ação: a história venceu o acaso.

A última bruxa foi queimada
Há mais de oito décadas, junto
Com a erva do amor e o gato falante,
Mas as crianças melhoraram depois disso,
E o leite das vacas ficou mais rico.

**THE BURNT-OUT SPA**

*An old beast ended in this place:*

*A monster of wood and rusty teeth.*
*Fire smelted his eyes to lumps*
*Of pale blue vitreous stuff, opaque*
*As resin drops oozed from pine bark.*

*The rafters and struts of his body wear*
*Their char of karakul still. I can't tell*
*How long his carcass has foundered under*
*The rubbish of summers, the black-leaved falls.*

*Now little weeds insinuate*
*Soft suede tongues between his bones.*
*His armorplate, his toppled stones*
*Are an esplanade for crickets.*

*I pick and pry like a doctor or*
*Archaeologist among*
*Iron entrails, enamel bowls,*
*The coils and pipes that made him run.*

*The small dell eats what ate it once.*
*And yet the ichor of the spring*
*Proceeds clear as it ever did*
*From the broken throat, the marshy lip.*

## BALNEÁRIO INCENDIADO

Uma fera ancestral acabou neste lugar:

Monstro de madeira, dentes de ferrugem.
O fogo fundiu seus olhos até virarem dois
Caroços de um azul pálido, opacos como
A resina pingando da casca do pinheiro.

Nas vigas e escoras do corpo dele ainda
Se vê o aspecto carbonizado. Não sei por
Quanto tempo a carcaça ficou submersa sob
Restos de verões e de outonos de folhas pretas.

Agora as ervas daninhas insinuam línguas
Macias de camurça entre os ossos.
Sua couraça, suas pedras esparsas
São uma planície para os grilos.

Espio e espreito como um médico
Ou arqueólogo em meio
Às entranhas de ferro, tigelas esmaltadas,
Bobinas e tubos que lhe davam vida.

O vale engole aquilo que um dia o engoliu.
E o icor da primavera ainda escorre,
Transparente como sempre, da garganta
Arruinada do pântano dos lábios.

*It flows off below the green and white*
*Balustrade of a sag-backed bridge.*
*Leaning over, I encounter one*
*Blue and improbable person*

*Framed in a basketwork of cat-tails.*
*O she is gracious and austere,*
*Seated beneath the toneless water!*
*It is not I, it is not I.*

*No animal spoils on her green doorstep.*
*And we shall never enter there*
*Where the durable ones keep house.*
*The stream that hustles us*

*Neither nourishes nor heals.*

Ele escoa sob a balaustrada
Verde e branca de uma ponte coberta.
Ao me inclinar, encontro uma
Pessoa triste e improvável

Emoldurada num cesto de plantas aquáticas.
Ó ela é graciosa e austera,
Sentada por baixo da água incolor!
Isso não sou eu, não sou eu.

Nenhum bicho se decompõe na soleira verde
Da porta. E nós nunca entraremos ali
Onde os persistentes cuidam da casa.
O fluxo que nos leva adiante

Não nutre nem cura.

**SCULPTOR**

*For Leonard Baskin*

*To his house the bodiless
Come to barter endlessly
Vision, wisdom, for bodies
Palpable as his, and weighty.*

*Hands moving move priestlier
Than priest's hands, invoke no vain
Images of light and air
But sure stations in bronze, wood, stone.*

*Obdurate, in dense-grained wood,
A bald angel blocks and shapes
The flimsy light; arms folded
Watches his cumbrous world eclipse*

*Inane worlds of wind and cloud.
Bronze dead dominate the floor,
Resistive, ruddy-bodied,
Dwarfing us. Our bodies flicker*

*Toward extinction in those eyes
Which, without him, were beggared
Of place, time, and their bodies.
Emulous spirits make discord,*

*Try entry, enter nightmares
Until his chisel bequeaths
Them life livelier than ours,
A solider repose than death's.*

## O ESCULTOR

*Para Leonard Baskin*

A esta casa não param de chegar
Seres incorpóreos que vêm trocar
A visão e o saber por corpos
Palpáveis e pesados como o dele.

Com mãos mais sacerdotais que
As mãos de um sacerdote, não pedem
Imagens vãs de luz e ar, mas
Portos seguros de bronze, madeira, pedra.

Um anjo calvo e tenaz, incrustado
Na madeira densa, bloqueia e dá forma
À luz frágil; de braços cruzados, ele
Assiste ao seu mundo moroso cobrir

Os mundos vazios de vento e nuvem.
Mortos de bronze dominam o piso,
Resistentes, cobreados, nos
Ofuscando. Nossos corpos tremulam

E vão se apagando para aqueles olhos
Que, sem ele, suplicariam
Por lugar, tempo e corpo.
Espíritos rivais criam a discórdia,

Tentam entrar, adentram pesadelos,
Até que com o cinzel ele lhes conceda
Uma vida mais viva do que a nossa,
Um repouso mais pleno que o da morte.

**POEM FOR A BIRTHDAY**

1. WHO

The month of flowering's finished. The fruit's in,
Eaten or rotten. I am all mouth.
October's the month for storage.

This shed's fusty as a mummy's stomach:
Old tools, handles and rusty tusks.
I am at home here among the dead heads.

Let me sit in a flowerpot,
The spiders won't notice.
My heart is a stopped geranium.

If only the wind would leave my lungs alone.
Dogbody noses the petals. They bloom upside down.
They rattle like hydrangea bushes.

Moldering heads console me,
Nailed to the rafters yesterday:
Inmates who don't hibernate.

Cabbageheads: wormy purple, silver-glaze,
A dressing of mule ears, mothy pelts, but green-hearted,
Their veins white as porkfat.

## POEMA PARA UM ANIVERSÁRIO

1. QUEM

A florada chega ao fim. O fruto ficou maduro,
Comido ou passado. Sou toda boca.
Outubro é mês de guardar.

Depósito mofado feito estômago de múmia:
Velhas ferramentas e rastelos enferrujados.
Entre cabeças mortas, me sinto em casa.

Vou me sentar num vaso de flores,
As aranhas nem vão notar.
Meu coração é um gerânio podado.

Se o vento ao menos me esquecesse.
Cachorros farejam as pétalas viradas para
Baixo, elas se agitam como hortênsias.

Cabeças apodrecidas me consolam,
Elas foram presas às vigas ontem:
Detentas que não hibernam.

Cabeças de repolho: roxas, prateadas,
Emplastros de planta, couro carcomido, mas
O miolo é verde, as veias brancas.

*O the beauty of usage!*
*The orange pumpkins have no eyes.*
*These halls are full of women who think they are birds.*

*This is a dull school.*
*I am a root, a stone, an owl pellet,*
*Without dreams of any sort.*

*Mother, you are the one mouth*
*I would be a tongue to. Mother of otherness*
*Eat me. Wastebasket gaper, shadow of doorways.*

*I said: I must remember this, being small.*
*There were such enormous flowers,*
*Purple and red mouths, utterly lovely.*

*The hoops of blackberry stems made me cry.*
*Now they light me up like an electric bulb.*
*For weeks I can remember nothing at all.*

2. DARK HOUSE

*This is a dark house, very big.*
*I made it myself,*
*Cell by cell from a quiet corner,*
*Chewing at the gray paper,*
*Oozing the glue drops,*
*Whistling, wiggling my ears,*
*Thinking of something else.*

*It has so many cellars,*
*Such eelish delvings!*

Quanta beleza nas coisas usadas!
As abóboras não têm olhos.
Nesses corredores há mulheres que se veem como pássaros.

Essa é uma escola triste.
Sou raiz, pedra, plumada de coruja,
Sem sonho algum.

Mãe, você é a única boca na qual
Eu seria uma língua. Mãe da alteridade
Me engole. Boca aberta de cesto, sombra de portais.

Eu digo: devo lembrar disso, de ser pequena.
Havia flores enormes,
Bocas roxas e vermelhas, tão lindas.

A copa frondosa das amoreiras me fez chorar.
Agora ela me acende como lâmpada elétrica.
Por semanas a fio, não lembro de nada.

2. CASA ESCURA

É uma casa escura e grande.
Eu mesma criei cada cômodo,
A partir de um canto quieto,
Mastigando papel cinza,
Pingando gotas de cola,
Assobiando, mexendo a orelha,
Pensando em outra coisa.

Tem tantas galerias,
Cavidades-enguias!

*I am round as an owl,*
*I see by my own light.*
*Any day I may litter puppies*
*Or mother a horse. My belly moves.*
*I must make more maps.*

*These marrowy tunnels!*
*Moley-handed, I eat my way.*
*All-mouth licks up the bushes*
*And the pots of meat.*
*He lives in an old well,*
*A stony hole. He's to blame.*
*He's a fat sort.*

*Pebble smells, turnipy chambers.*
*Small nostrils are breathing.*
*Little humble loves!*
*Footlings, boneless as noses,*
*It is warm and tolerable*
*In the bowel of the root.*
*Here's a cuddly mother.*

3. *MAENAD*

*Once I was ordinary:*
*Sat by my father's bean tree*
*Eating the fingers of wisdom.*
*The birds made milk.*
*When it thundered I hid under a flat stone.*

*The mother of mouths didn't love me.*
*The old man shrank to a doll.*

Sou curva feito coruja,
Vejo com minha própria luz.
Um dia vou parir cachorrinhos ou
Dar à luz um cavalo. Minha barriga se mexe.
Almejo montar mais mapas.

Quantos túneis de tutano!
Com mãos de toupeira, devoro
Meu caminho. E ele, todo-boca,
Come arbustos, pratos de carne.
Mora num poço velho,
Num buraco de pedra. A culpa é dele.
É do time dos gordos.

Cheira a seixo, câmara de nabo.
Mínimas narinas respirando.
Amores pequenos e simples!
Insignificantes, moles como o nariz,
É quente e confortável
No fundo das raízes.
Um aconchego de mãe.

3. MÊNADE

Já fui comum:
Debaixo da árvore do meu pai
Comia os dedos do saber.
Os pássaros davam leite.
Quando trovejava, me escondia sob uma pedra.

A mãe das bocas não gostava de mim.
O velho se encolheu até virar uma boneca.

O I am too big to go backward:
Birdmilk is feathers,
The bean leaves are dumb as hands.

This month is fit for little.
The dead ripen in the grapeleaves.
A red tongue is among us.
Mother, keep out of my barnyard,
I am becoming another.

Dog-head, devourer:
Feed me the berries of dark.
The lids won't shut. Time
Unwinds from the great umbilicus of the sun
Its endless glitter.

I must swallow it all.

Lady, who are these others in the moon's vat—
Sleepdrunk, their limbs at odds?
In this light the blood is black.
Tell me my name.

4. THE BEAST

He was bullman earlier,
King of the dish, my lucky animal.
Breathing was easy in his airy holding.
The sun sat in his armpit.
Nothing went moldy. The little invisibles
Waited on him hand and foot.
The blue sisters sent me to another school.

Sou grande demais para voltar atrás:
Leite de pássaro são penas.
As folhas, mudas como mãos.

Este mês é para poucos.
Os mortos maduram nas vinhas.
Entre nós, há uma língua vermelha.
Mãe, não entre em meu quintal,
Estou virando outra.

Cabeça de cão que devora:
Me dê as amoras tenebrosas.
As pálpebras não fecham. O tempo
Se desenrola do grande umbigo do sol
E traz um brilho sem fim.

Devo engolir tudo.

Senhora, quem são esses na tina da lua —
Caindo de sono, pés trocados?
Sob a luz, o sangue é preto.
Diga-me qual é meu nome.

4. A BESTA

Ele era um homem-touro,
Rei das formosuras, meu talismã.
Era fácil respirar em sua casa arejada.
O sol se punha na axila dele.
Nada criava mofo. Seres invisíveis
Estavam ao seu dispor.
Tristes, as irmãs me mandaram a outra escola.

*Monkey lived under the dunce cap.*
*He kept blowing me kisses.*
*I hardly knew him.*

*He won't be got rid of:*
*Mumblepaws, teary and sorry,*
*Fido Littlesoul, the bowel's familiar.*
*A dustbin's enough for him.*
*The dark's his bone.*
*Call him any name, he'll come to it.*

*Mud-sump, happy sty-face.*
*I've married a cupboard of rubbish.*
*I bed in a fish puddle.*
*Down here the sky is always falling.*
*Hogwallow's at the window.*
*The star bugs won't save me this month.*
*I housekeep in Time's gut-end*
*Among emmets and mollusks,*
*Duchess of Nothing,*
*Hairtusk's bride.*

5. FLUTE NOTES FROM A REEDY POND

*Now coldness comes sifting down, layer after layer,*
*To our bower at the lily root.*
*Overhead the old umbrellas of summer*
*Wither like pithless hands. There is little shelter.*

*Hourly the eye of the sky enlarges its blank*
*Dominion. The stars are no nearer.*

Macaco vivendo com chapéu de burro.
Ele continuava me enviando beijinhos.
Eu o conhecia bem pouco.

Não há como se ver livre dele:
Com balbucios caninos, choro e pesar,
Eis o Fido Alminha, amigo do lar.
Para ele, basta uma lata de lixo.
O escuro é seu osso.
Chame-o como for, ele vem.

Poço de lama, alegre cara de chiqueiro.
Me casei com uma lata de lixo.
Durmo numa poça de peixes.
Aqui embaixo o céu está sempre caindo.
Suínos chafurdam na janela.
Nenhum besouro virá me salvar.
Faço uma faxina nos confins
Do Tempo, entre formigas e moluscos,
Sou a duquesa do Nada,
Noiva da presilha de cabelo.

5. NOTAS PARA FLAUTA NUM LAGO DE JUNCOS

Agora o frio vem descendo em camadas
Até nossa pérgula, nas raízes do lírio.
No alto, velhos guarda-sóis murcham
Feito mãos pensas. Abrigo, quase não há.

A cada hora, o olho do céu amplia seu reino
Vazio. Estrelas continuam distantes.

*Already frog-mouth and fish-mouth drink*
*The liquor of indolence, and all things sink*

*Into a soft caul of forgetfulness.*
*The fugitive colors die.*
*Caddis worms drowse in their silk cases,*
*The lamp-headed nymphs are nodding to sleep like statues.*

*Puppets, loosed from the strings of the puppet-master,*
*Wear masks of horn to bed.*
*This is not death, it is something safer.*
*The wingy myths won't tug at us any more:*

*The molts are tongueless that sang from above the water*
*Of golgotha at the tip of a reed,*
*And how a god flimsy as a baby's finger*
*Shall unhusk himself and steer into the air.*

6. WITCH BURNING

In the marketplace they are piling the dry sticks.
A thicket of shadows is a poor coat. I inhabit
The wax image of myself, a doll's body.
Sickness begins here: I am a dartboard for witches.
Only the devil can eat the devil out.
In the month of red leaves I climb to a bed of fire.

It is easy to blame the dark: the mouth of a door,
The cellar's belly. They've blown my sparkler out.
A black-sharded lady keeps me in a parrot cage.
What large eyes the dead have!

Boca de sapo e boca de peixe já bebem
O licor da indiferença, e as coisas afundam

Numa membrana de esquecimento.
Cores furtivas se apagam.
Larvas aquáticas cochilam em casulos de seda,
Ninfas dormem como estátuas, as cabeças acesas.

Libertas dos fios de seus titereiros,
Marionetes usam chifres para dormir.
Não é a morte, é mais seguro que isso.
Os mitos alados não vão mais nos puxar:

As mudas de penas, sem língua, cantam
Por cima das águas do Calvário, na ponta de um juncal,
Como fará um deus frágil feito bebê
Para romper a casca e se projetar no ar?

6. BRUXA EM CHAMAS

No mercado, estão empilhando lenha.
Um mato de sombras é um casaco fino demais. Moro
Na imagem de cera de mim mesma, corpo de boneca.
A doença começa aqui: sou um alvo para as bruxas.
Só o diabo pode devorar o diabo.
No mês das folhas vermelhas subo numa cama de fogo.

É fácil culpar o escuro: a boca de uma porta,
A barriga do porão. Sopraram minha vela.
A dama de asas pretas me mantém numa gaiola.
Como são grandes os olhos dos mortos!

*I am intimate with a hairy spirit.*
*Smoke wheels from the beak of this empty jar.*

*If I am a little one, I can do no harm.*
*If I don't move about, I'll knock nothing over. So I said,*
*Sitting under a potlid, tiny and inert as a rice grain.*
*They are turning the burners up, ring after ring.*
*We are full of starch, my small white fellows. We grow.*
*It hurts at first. The red tongues will teach the truth.*

*Mother of beetles, only unclench your hand:*
*I'll fly through the candle's mouth like a singeless moth.*
*Give me back my shape. I am ready to construe the days*
*I coupled with dust in the shadow of a stone.*
*My ankles brighten. Brightness ascends my thighs.*
*I am lost, I am lost, in the robes of all this light.*

7. THE STONES

*This is the city where men are mended.*
*I lie on a great anvil.*
*The flat blue sky-circle*

*Flew off like the hat of a doll*
*When I fell out of the light. I entered*
*The stomach of indifference, the wordless cupboard.*

*The mother of pestles diminished me.*
*I became a still pebble.*
*The stones of the belly were peaceable,*

Sou amiga de um espírito peludo.
Uma fumaça espiralada sobe do jarro vazio.

Se sou pequena, não faço mal a ninguém.
Se não me mexo, não derrubo nada, eu disse, sentada
Sob a tampa da panela, mínima como grão de arroz.
Estão ligando as bocas do fogão, uma depois da outra.
Somos puro amido, meus coleguinhas brancos. Inchamos.
No começo, dói. As línguas vermelhas dirão a verdade.

Mãe dos besouros, abra um pouco a mão:
Voarei ao redor da vela como mariposa, sem me queimar.
Devolva minha forma. Já posso ler os dias
Nos quais me deitei com a poeira à sombra de uma pedra.
Meu tornozelo brilha. O brilho sobe pelas minhas coxas.
Estou perdida, tão perdida, sob esse manto de luz.

7. AS PEDRAS

É nesta cidade que consertam a humanidade.
Estou deitada numa enorme bigorna.
O círculo azul-celeste se soltou

Como um chapéu de boneca
Quando eu despenquei da luz. Entrei
No mundo da apatia, uma caixa sem palavras.

Um imenso pilão reduziu meu tamanho.
Virei uma pedrinha parada.
As pedras da barriga estão em paz,

*The head-stone quiet, jostled by nothing.*
*Only the mouth-hole piped out,*
*Importunate cricket*

*In a quarry of silences.*
*The people of the city heard it.*
*They hunted the stones, taciturn and separate,*

*The mouth-hole crying their locations.*
*Drunk as a foetus*
*I suck at the paps of darkness.*

*The food tubes embrace me. Sponges kiss my lichens away.*
*The jewelmaster drives his chisel to pry*
*Open one stone eye.*

*This is the after-hell : I see the light.*
*A wind unstoppers the chamber*
*Of the ear, old worrier.*

*Water mollifies the flint lip,*
*And daylight lays its sameness on the wall.*
*The grafters are cheerful,*

*Heating the pincers, hoisting the delicate hammers.*
*A current agitates the wires*
*Volt upon volt. Catgut stitches my fissures.*

*A workman walks by carrying a pink torso.*
*The storerooms are full of hearts.*
*This is the city of spare parts.*

As da cabeça, quietas, sem nada para atrapalhar.
Apenas o buraco da boca assobia,
Grilo insistente

Numa pedreira de silêncio.
Na cidade todos ouviram.
E foram caçar as pedras, taciturnos, cada um por si,

O buraco da boca dava suas coordenadas.
Inebriada como um feto,
Sugo a papa das trevas.

Tubos de comida me acolhem. Esponjas limpam meus liquens.
Com um cinzel, o joalheiro força entrada para
Abrir um olho de pedra.

É um pós-inferno: eu vejo a luz.
Um vento desobstrui a câmara
Da orelha, sempre aflito.

A água acalma os lábios de sílex,
E a luz do dia projeta sua mesmice na parede.
Os operários estão animados,

Aquecem as pinças, erguem os martelos delicados.
Uma corrente agita os fios
Volt após volt. Costuram minhas suturas.

Um trabalhador carrega um torso cor-de-rosa.
Os depósitos estão cheios de corações.
Esta é a cidade das peças que sobraram.

*My swaddled legs and arms smell sweet as rubber.*
*Here they can doctor heads, or any limb.*
*On Fridays the little children come*

*To trade their hooks for hands.*
*Dead men leave eyes for others.*
*Love is the uniform of my bald nurse.*

*Love is the bone and sinew of my curse.*
*The vase, reconstructed, houses*
*The elusive rose.*

*Ten fingers shape a bowl for shadows.*
*My mendings itch. There is nothing to do.*
*I shall be good as new.*

Minhas pernas e braços enfaixados têm um cheiro adocicado
De borracha. Aqui tratam da cabeça ou de qualquer órgão.
Às sextas as crianças pequenas vêm

Trocar seus ganchos por mãos.
As pessoas mortas deixam seus olhos para quem fica.
O amor é o uniforme da minha enfermeira careca.

O amor é o osso e o tendão da minha maldição.
O jarro, refeito, abriga
A rosa esquiva.

Dez dedos em concha fazem um pote para as sombras.
Os meus remendos pinicam. Não há o que fazer.
Ficarei novinha em folha.

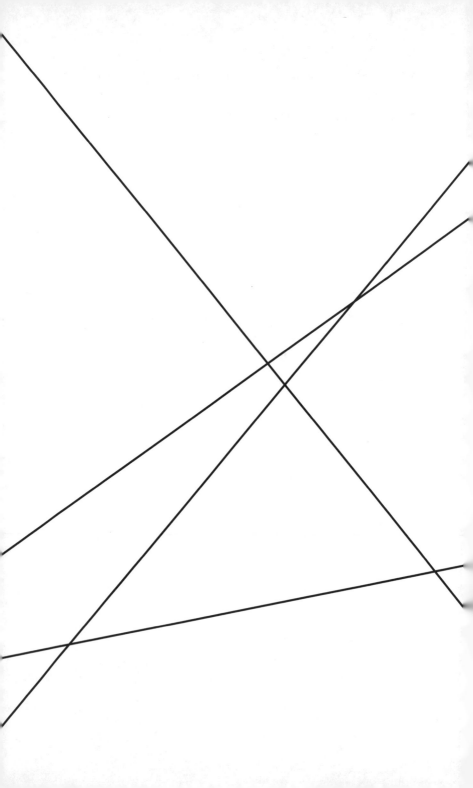

# POEMAS ESPARSOS

**MYSTIC**

The air is a mill of hooks—
Questions without answer,
Glittering and drunk as flies
Whose kiss stings unbearably
In the fetid wombs of black air under pines in summer.

I remember
The dead smell of sun on wood cabins,
The stiffness of sails, the long salt winding sheets.
Once one has seen God, what is the remedy?
Once one has been seized up

Without a part left over,
Not a toe, not a finger, and used,
Used utterly, in the sun's conflagrations, the stains
That lengthen from ancient cathedrals
What is the remedy?

The pill of the Communion tablet,
The walking beside still water? Memory?
Or picking up the bright pieces
Of Christ in the faces of rodents,
The tame flower-nibblers, the ones

Whose hopes are so low they are comfortable—
The humpback in her small, washed cottage
Under the spokes of the clematis.

## MÍSTICO

O ar é um moinho de ganchos —
Perguntas sem resposta
Resplandecem embriagadas, são como mosquitos
Que beijam, com picadas insuportáveis,
Os úteros pútridos de ar negro sob os pinheiros no verão.

Lembro
Do cheiro mortal de sol sobre as cabanas de madeira,
Das velas firmes, dos lençóis de sal, imensos, ondulantes.
Quando alguém vê Deus, qual o remédio?
Quando alguém sucumbe,

Sem que nada escape,
Nem um dedo da mão ou do pé, e
Se esgota, sob as labaredas do sol, as manchas
De antigas catedrais se alastrando,
Qual o remédio?

Comprimidos de hóstias,
Uma caminhada ao lado da água parada? A memória?
Ou pinçar nacos luminosos
De Cristo no rosto dos roedores,
Daqueles que, mansos, mordiscam flores, e que

Precisam de pouco para se sentirem felizes —
O corcunda em sua casa limpinha
Sob o arco de trepadeiras.

*Is there no great love, only tenderness?*
*Does the sea*

*Remember the walker upon it?*
*Meaning leaks from the molecules.*
*The chimneys of the city breathe, the window sweats,*
*The children leap in their cots.*
*The sun blooms, it is a geranium.*

*The heart has not stopped.*

Não existe um grande amor, só ternura?
Será que o mar

Se lembra do homem que andou sobre suas águas?
O sentido das coisas escorre das moléculas.
Na cidade, as chaminés respiram, a janela transpira,
As crianças pulam nos berços.
O sol floresce, é um gerânio.

O coração continua batendo.

**CHILD**

*Your clear eye is the one absolutely beautiful thing.*
*I want to fill it with color and ducks,*
*The zoo of the new*

*Whose names you meditate—*
*April snowdrop, Indian pipe,*
*Little*

*Stalk without wrinkle,*
*Pool in which images*
*Should be grand and classical*

*Not this troublous*
*Wringing of hands, this dark*
*Ceiling without a star.*

**FILHO**

Seu olho cristalino é a coisa mais linda que existe.
Quero que ele se encha de cores e de patos,
Um zoológico de novidades,

Com nomes que ocupam seu pensamento —
Campânulas-de-inverno, plantas-fantasmas,
Haste

Fina e toda lisa,
Um lago de imagens que deveriam
Ser clássicas e grandiosas,

Não esse aflito
Contorcer de mãos, esse teto
Escuro sem nenhuma estrela.

## CHILDLESS WOMAN

*The womb
Rattles its pod, the moon
Discharges itself from the tree with nowhere to go.*

*My landscape is a hand with no lines,
The roads bunched to a knot,
The knot myself,*

*Myself the rose you achieve—
This body,
This ivory*

*Ungodly as a child's shriek.
Spiderlike, I spin mirrors,
Loyal to my image,*

*Uttering nothing but blood—
Taste it, dark red!
And my forest*

*My funeral,
And this hill and this
Gleaming with the mouths of corpses.*

**MULHER SEM FILHOS**

O útero
Se sacode por dentro, a lua
Se solta da árvore sem ter aonde ir.

Minha paisagem é mão sem linhas,
Caminhos se juntam num nó,
Um nó que sou eu,

Eu, a rosa que você alcança —
Esse corpo,
Esse marfim

Incrédulo, um grito de criança.
Como uma aranha, teço espelhos
Fiéis à minha imagem,

Eles só refletem sangue —
Prove, é vermelho-escuro!
E minha floresta,

Meu funeral,
E esta colina e esta outra
Cintilam com as bocas dos mortos.

**BRASILIA**

Will they occur,
These people with torsos of steel
Winged elbows and eyeholes

Awaiting masses
Of cloud to give them expression,
These super-people!—

And my baby a nail
Driven, driven in.
He shrieks in his grease

Bones nosing for distances.
And I, nearly extinct,
His three teeth cutting

Themselves on my thumb—
And the star,
The old story.

In the lane I meet sheep and wagons,
Red earth, motherly blood.
O You who eat

People like light rays, leave
This one
Mirror safe, unredeemed

## BRASÍLIA

Um dia essa gente virá?
Com torsos de aço,
Cotovelos alados, olhos

À espera de nuvens para
Moldarem uma expressão,
Essa supergente! —

E meu bebê é um prego
Enfiado, enfiado fundo.
De dentro da carne, ele grita,

Os ossos despontam.
E, eu quase no fim, enquanto
Os três dentes dele rompem

Em meu polegar —
E a estrela,
Uma história antiga.

Pelo caminho, vejo ovelhas e vagões,
Terra vermelha, sangue materno.
Ora, Você que devora

As pessoas como raios de luz,
Deixe este único
Espelho intacto, sem redenção

*By the dove's annihilation,*
*The glory*
*The power, the glory.*

Depois da aniquilação da pomba,
A glória
O poder, a glória.

## WINTER TREES

*The wet dawn inks are doing their blue dissolve.*
*On their blotter of fog the trees*
*Seem a botanical drawing—*
*Memories growing, ring on ring,*
*A series of weddings.*

*Knowing neither abortions nor bitchery,*
*Truer than women,*
*They seed so effortlessly!*
*Tasting the winds, that are footless,*
*Waist-deep in history—*

*Full of wings, otherworldliness.*
*In this, they are Ledas.*
*O mother of leaves and sweetness*
*Who are these pietas?*
*The shadows of ringdoves chanting, but easing nothing.*

## ÁRVORES NO INVERNO

As tintas úmidas da aurora dissolvem o azul.
No mata-borrão da neblina, as árvores
Lembram um desenho botânico —
Memórias ganham corpo, em forma de anéis,
Uma série de casamentos.

Elas não conhecem o aborto nem a putaria,
São mais autênticas que as mulheres,
E semeiam sem nenhum esforço!
Saboreiam os ventos, desprovidos de pés,
Estão imersas na história —

São aladas e alheias ao mundo.
Nisso parecem Ledas.
Ó mãe das folhas, mãe da doçura,
Quem são essas *pietàs*?
As sombras dos pombos entoam seus cânticos inúteis.

## MARY'S SONG

The Sunday lamb cracks in its fat.
The fat
Sacrifices its opacity....

A window, holy gold.
The fire makes it precious,
The same fire

Melting the tallow heretics,
Ousting the Jews.
Their thick palls float

Over the cicatrix of Poland, burnt-out
Germany.
They do not die.

Gray birds obsess my heart,
Mouth-ash, ash of eye.
They settle. On the high

Precipice
That emptied one man into space
The ovens glowed like heavens, incandescent.

It is a heart,
This holocaust I walk in,
O golden child the world will kill and eat.

## CANÇÃO DE MARIA

O cordeiro de domingo estala na própria gordura.
A gordura
Sacrifica sua opacidade...

Uma janela, ouro sagrado.
O fogo o torna único,
O mesmo fogo

Derrete os hereges de sebo
E expulsa os judeus.
A mortalha grossa que os cobria

Paira sobre as cicatrizes da Polônia
E da Alemanha carbonizada.
Eles não morreram.

Pássaros cinzentos assombram meu coração,
A boca de cinzas, as cinzas nos olhos.
Eles pousam. No imenso

Precipício
Que lançou um homem ao espaço,
Os fornos ardiam como o céu, em brasas.

É um coração
Esse holocausto no qual eu entro,
Ó menino de ouro que o mundo há de matar e comer.

**THE FEARFUL**

*This man makes a pseudonym*
*And crawls behind it like a worm.*

*This woman on the telephone*
*Says she is a man, not a woman.*

*The mask increases, eats the worm,*
*Stripes for mouth and eyes and nose,*

*The voice of the woman hollows—*
*More and more like a dead one,*

*Worms in the glottal stops.*
*She hates*

*The thought of a baby—*
*Stealer of cells, stealer of beauty—*

*She would rather be dead than fat,*
*Dead and perfect, like Nefertit,*

*Hearing the fierce mask magnify*
*The silver limbo of each eye*

*Where the child can never swim,*
*Where there is only him and him.*

## OS MEDROSOS

Este homem cria um pseudônimo
E se arrasta por trás dele feito demônio.

Esta mulher ao telefone
Diz que ela é um homem.

A máscara cresce, engole o bicho,
Listras no lugar de boca, olhos e nariz,

A voz da mulher se torna oca —
Lembra mais e mais um morto,

Ela rasteja nas consoantes oclusivas.
Ela odeia

A ideia de ter um bebê —
Que rouba as células, rouba a beleza —

Melhor estar morta que gorda, pensa,
Como Nefertiti, morta e perfeita,

Ouvindo a máscara violenta que dilata,
Em cada olho, o limbo de prata,

No qual uma criança nunca pode nadar.
No qual só ele, ele, ele tem lugar.

**THALIDOMIDE**

*O half moon—*

*Half-brain, luminosity—*
*Negro, masked like a white,*

*Your dark*
*Amputations crawl and appall—*

*Spidery, unsafe.*
*What glove*

*What leatheriness*
*Has protected*

*Me from that shadow—*
*The indelible buds,*

*Knuckles at shoulder-blades, the*
*Faces that*

*Shove into being, dragging*
*The lopped*

*Blood-caul of absences.*
*All night I carpenter*

*A space for the thing I am given,*
*A love*

**TALIDOMIDA**


Ó meia-lua —

Meia cabeça luminosa —
Negro mascarado de branco,

As partes amputadas
Rastejam e apavoram —

Aracnídeo que arrisca.
Qual luva

Qual carcaça me
Protegia

Daquela sombra —
Os brotos resistentes,

Nós nas omoplatas, os
Rostos que

Surgiam na existência, arrastando
A membrana de ausências

Sangrenta e mutilada.
A noite toda fabrico

Um espaço para essa coisa que me deram,
Um amor

*Of two wet eyes and a screech.*
*White spit*

*Of indifference!*
*The dark fruits revolve and fall.*

*The glass cracks across,*
*The image*

*Flees and aborts like dropped mercury.*

De dois olhos molhados e um grito.
Cuspe branco

Da indiferença!
As frutas escuras amadurecem e caem.

O vidro racha de um lado a outro,
A imagem

Escapa e aborta como mercúrio derramado.

**PURDAH**

*Jade—*
*Stone of the side,*
*The agonized*

*Side of green Adam, I*
*Smile, cross-legged,*
*Enigmatical,*

*Shifting my clarities.*
*So valuable!*
*How the sun polishes this shoulder!*

*And should*
*The moon, my*
*Indefatigable cousin*

*Rise, with her cancerous pallors,*
*Dragging trees—*
*Little bushy polyps,*

*Little nets,*
*My visibilities hide.*
*I gleam like a mirror.*

*At this facet the bridegroom arrives*
*Lord of the mirrors!*
*It is himself he guides*

**PURDAH**


Jade —
A pedra do lado,
Atormentado lado

De um verde Adão, eu
Sorrio, de pernas cruzadas,
Misteriosa,

Sombreando minha clareza.
Tão valiosa!
O sol lustra muito bem esse ombro!

E a lua
Deveria nascer, minha
Prima incansável,

Com sua palidez cancerígena,
Arrastando as árvores —
Pequenos pólipos espessos,

Pequenas redes,
Minha visibilidade se esconde.
Eu lampejo como um espelho.

Aqui o noivo chega,
Senhor dos espelhos!
Ele guia a si mesmo

*In among these silk
Screens, these rustling appurtenances.
I breathe, and the mouth*

*Veil stirs its curtain
My eye
Veil is*

*A concatenation of rainbows.
I am his.
Even in his*

*Absence, I
Revolve in my
Sheath of impossibles,*

*Priceless and quiet
Among these parakeets, macaws!
O chatterers*

*Attendants of the eyelash!
I shall unloose
One feather, like the peacock.*

*Attendants of the lip!
I shall unloose
One note*

*Shattering
The chandelier
Of air that all day flies*

Por entre essas telas de
Seda, esses acessórios e seus rumores.
Eu respiro, e o véu sobre minha boca

Balança.
O véu
Sobre meu olho é

Uma sequência de arco-íris.
Sou dele.
Mesmo em sua

Ausência,
Me reviro em meu
Casulo de impossibilidades,

Inestimável e calada
Entre periquitos e araras!
Ó tagarelas

Submissas dos cílios!
Vou soltar
Uma pena, como um pavão.

Submissas dos lábios!
Vou soltar
Uma nota

Capaz de estilhaçar
O candelabro
De ar que esvoaça

*Its crystals
A million ignorants.
Attendants!*

*Attendants!
And at his next step
I shall unloose*

*I shall unloose—
From the small jeweled
Doll he guards like a heart—*

*The lioness,
The shriek in the bath,
The cloak of holes.*

O dia inteiro seus cristais,
Milhares de ignorantes.
Submissas!

Submissas!
E no próximo passo que ele der
Vou soltar

Vou soltar —
De dentro da bonequinha de joias
Que ele guarda como um coração —

A leoa,
O grito na banheira,
Manto esburacado.

## THE TOUR

*O maiden aunt, you have come to call.*
*Do step into the hall!*
*With your bold*
*Gecko, the little flick!*
*All cogs, weird sparkle and every cog solid gold.*
*And I in slippers and housedress with no lipstick!*

*And you want to be shown about!*
*Yes, yes, this is my address.*
*Not a patch on your place, I guess, with the Javanese*
*Geese and the monkey trees.*
*It's a bit burnt-out,*
*A bit of a wild machine, a bit of a mess!*

*O I shouldn't put my finger in that*
*Auntie, it might bite!*
*That's my frost box, no cat,*
*Though it looks like a cat, with its fluffy stuff, pure white.*
*You should see the objects it makes!*
*Millions of needly glass cakes!*

*Fine for the migraine or the bellyache. And this*
*Is where I kept the furnace,*
*Each coal a hot cross-stitch—a lovely light!*
*It simply exploded one night,*
*It went up in smoke.*
*And that's why I have no hair, auntie, that's why I choke*

## A VISITA

Ora, tia, uma visita sua, mas que bondade.
Entre, fique à vontade!
Com sua salamandra audaciosa,
Tão cheia de coragem!
Que brilho estranho, é de ouro, preciosa.
E eu de pantufas e roupão, sem maquiagem!

Você veio conhecer nosso lar!
Sim, é onde estamos instalados.
Claro, nada a ver com a *sua* casa,
Com miquinhos e gansos de Java.
É que não tive tempo de arrumar,
Está tudo tão, mas tão bagunçado!

Ei, cuidado, eu não poria meu dedo,
Titia, pois ele pode morder!
Esse *treco* peludo é uma caixa de gelo,
Não um gato, embora possa *parecer*.
Você tem de ver as coisas que ele faz!
Uma porção de gelo até não poder mais!

É ótimo para dor de cabeça e dor de barriga. E *aqui*
Fica o aquecedor, cada carvão
Um ponto de cruz — e que luz *linda*!
Uma noite dessas houve uma explosão
E ele virou fumaça.
Por isso perdi o cabelo, titia, e por isso engasgo

Off and on, as if I just had to retch.
Coal gas is ghastly stuff.
Here's a spot I thought you'd love—
Morning Glory Pool!
The blue's a jewel.
It boils for forty hours at a stretch.

O I shouldn't dip my hankie in, it hurts!
Last summer, my God, last summer
It ate seven maids and a plumber
And returned them steamed and pressed and stiff as shirts.
I am bitter? I'm averse?
Here's your specs, dear, here's your purse.

Toddle on home to tea now in your flat hat.
It'll be lemon tea for me,
Lemon tea and earwig biscuits-creepy-creepy.
You'd not want that.
Toddle on home, before the weather's worse.
Toddle on home, and don't trip on the nurse!—

She may be bald, she may have no eyes,
But auntie, she's awfully nice.
She's pink, she's a born midwife—
She can bring the dead to life
With her wiggly fingers and for a very small fee.
Well I hope you've enjoyed it, auntie!

Toddle on home to tea!

Sem parar, como se fosse vomitar.
Gás de carvão é horrível.
Mas tem um lugar que você vai adorar —
Uma fonte termal!
O azul é uma pedra preciosa.
Ela ferve por quarenta horas seguidas.

Se estiver passando lá, melhor não dar *sopa*.
No último verão, minha nossa,
Ela tragou um bombeiro e sete moças.
E devolveu todos fumegando, passados feito roupa.
Estou muito hostil? Amargurada?
Aqui seus óculos, querida, e sua bolsa importada.

Venha tomar um chazinho quando puder.
Vou fazer um chá de *limão* para mim,
Com biscoito de barata — eca, são o fim.
Você não vai querer.
Venha, antes que o tempo esfrie muito.
Venha, mas cuidado com a enfermeira! —

Ela é bem simples, pode ser desatenta,
Mas, titia, quanta coisa ela aguenta!
Ela é rosada, uma parteira nata —
Traz os mortos de volta, não se faz de rogada,
Tudo por um preço camarada.
Bom, tia, que *pena* que já vai embora!

Venha tomar um chazinho a qualquer hora!

## *AMNESIAC*

*No use, no use, now, begging Recognize!*
*There is nothing to do with such a beautiful blank but smooth it.*
*Name, house, car keys,*

*The little toy wife—*
*Erased, sigh, sigh.*
*Four babies and a cocker!*

*Nurses the size of worms and a minute doctor*
*Tuck him in.*
*Old happenings*

*Peel from his skin.*
*Down the drain with all of it!*
*Hugging his pillow*

*Like the red-headed sister he never dared to touch,*
*He dreams of a new one—*
*Barren, the lot are barren!*

*And of another color.*
*How they'll travel, travel, travel, scenery*
*Sparking off their brother-sister rears*

*A comet tail!*
*And money the sperm fluid of it all.*
*One nurse brings in*

**AMNÉSICO**

Agora é inútil, inútil mendigar. Reconheça!
O que resta a fazer com esse belo vácuo é alisá-lo.
Nome, casa, chaves do carro,

A pequena esposa de brinquedo —
Apagada, só suspiro, suspiro,
Quatro bebês e um cocker spaniel.

Enfermeiras com porte de minhoca e um médico
Pequeno cuidam dele.
Tantas lembranças se

Soltam de sua pele.
Que escorra tudo pelo ralo!
Agarrado ao travesseiro como se fosse

A irmã ruiva que nunca ousou tocar,
Ele sonha em ter mais uma irmã —
Outra estéril, todas estéreis!

E de outra cor.
Eles vão viajar, viajar, a paisagem
Produzirá, atrás desses irmãos-irmãs,

Uma cauda de cometa!
O dinheiro é um esperma que flui por toda parte.
Uma enfermeira traz

*A green drink, one a blue.*
*They rise on either side of him like stars.*
*The two drinks flame and foam.*

*O sister, mother, wife,*
*Sweet Lethe is my life.*
*I am never, never, never coming home!*

Um drinque verde e a outra, um azul,
Elas erguem os copos um em cada lado, como estrelas.
Os dois drinques queimam e espumam.

Ó mãe, irmã, esposa querida,
Um doce rio Lete é a minha vida.
Nunca, nunca, nunca mais volto para casa!

**STOPPED DEAD**

*A squeal of brakes.*
*Or is it a birth cry?*
*And here we are, hung out over the dead drop*
*Uncle, pants factory Fatso, millionaire.*
*And you out cold beside me in your chair.*

*The wheels, two rubber grubs, bite their sweet tails.*
*Is that Spain down there?*
*Red and yellow, two passionate hot metals*
*Writhing and sighing, what sort of a scenery is it?*
*It isn't England, it isn't France, it isn't Ireland.*

*It's violent. We're here on a visit,*
*With a goddam baby screaming off somewhere.*
*There's always a bloody baby in the air.*
*I'd call it a sunset, but*
*Whoever heard a sunset yowl like that?*

*You are sunk in your seven chins, still as a ham.*
*Who do you think I am,*
*Uncle, uncle?*
*Sad Hamlet, with a knife?*
*Where do you stash your life?*

*Is it a penny, a pearly—*
*Your soul, your soul?*
*I'll carry it off like a rich pretty girl,*
*Simply open the door and step out of the car*
*And live in Gibraltar on air, on air.*

## PARADA BRUSCA

Um guincho de freio.
Ou será um choro ao nascer?
E aqui estamos, pendurados por cima do tio
Milionário, calças da marca Gorducho.
E você ao meu lado, frio, alheio em sua cadeira.

Lagartas de borracha, as rodas mordem a própria cauda.
É a Espanha ali embaixo?
Vermelho e amarelo, dois apaixonados metais quentes
Se contorcem, suspiram, que paisagem é essa?
Não é a Inglaterra, nem a França, e nem a Irlanda.

Tanta violência. Viemos de passagem,
Com o diabo de um bebê que não para de gritar.
Tem sempre um maldito bebê por perto,
Eu poderia chamar de pôr do sol, mas
Quem já viu um pôr do sol gritar assim?

Seu queixo afunda em gordura, imóvel feito presunto.
Quem você acha que eu sou,
Tio, tio?
Um Hamlet triste, com uma adaga?
Onde você esconde sua vida?

É um centavo, uma pérola —
Sua alma, sua alma?
Que levo comigo, garota rica e bonita,
Vou abrir a porta e sair do carro
E vou morar no ar, no ar, em Gibraltar.

**LESBOS**

*Viciousness in the kitchen!*
*The potatoes hiss.*
*It is all Hollywood, windowless,*
*The fluorescent light wincing on and off like a terrible migraine,*
*Coy paper strips for doors—*
*Stage curtains, a widow's frizz.*
*And I, love, am a pathological liar,*
*And my child—look at her, face down on the floor,*
*Little unstrung puppet, kicking to disappear—*
*Why she is schizophrenic,*
*Her face red and white, a panic,*
*You have stuck her kittens outside your window*
*In a sort of cement well*
*Where they crap and puke and cry and she can't hear.*
*You say you can't stand her,*
*The bastard's a girl.*
*You who have blown your tubes like a bad radio*
*Clear of voices and history, the staticky*
*Noise of the new.*
*You say I should drown the kittens. Their smell!*
*You say I should drown my girl.*
*She'll cut her throat at ten if she's mad at two.*
*The baby smiles, fat snail,*
*From the polished lozenges of orange linoleum.*
*You could eat him. He's a boy.*
*You say your husband is just no good to you.*
*His Jew-Mama guards his sweet sex like a pearl.*
*You have one baby, I have two.*

**LESBOS**

Atrocidades na cozinha!
As batatas assobiam.
Puro Hollywood, sem janela,
O neon indo e vindo como uma terrível enxaqueca,
E as tiras modestas de papel no lugar da porta —
Cortina de palco, tipo cachos de viúva.
E eu, meu amor, sou uma mentirosa compulsiva,
E minha filha — olhe para ela, rosto no chão,
Marionete sem fio, esperneando para sumir —,
Por ela ser esquizofrênica,
O rosto corado e branco, cheio de pânico,
Você deixou os gatinhos dela do lado de fora da janela
Numa espécie de poço acimentado.
Lá eles cagam, vomitam e gritam, mas ela não ouve.
Você diz que não suporta
Essa maldita menina.
Você se sente estropiada como um rádio velho,
Já sem voz nem história, sem o ruído de estática
Que traz coisas novas.
Você diz que eu deveria afogar os gatinhos, quanto fedor!
Você diz que eu deveria afogar minha menina.
Se aos dois ela é doida, aos dez vai dar um tiro no pé.
O bebezinho sorri, lesma gorducha sobre
Os losangos encerados de linóleo laranja.
Daria para comer esse daí. É um menino.
Você diz que seu marido não é bom com você.
A mãe judia guarda o sexo dele como uma pérola.
Você tem um bebê, eu tenho dois.

I should sit on a rock off Cornwall and comb my hair.
I should wear tiger pants, I should have an affair.
We should meet in another life, we should meet in air,
Me and you.

Meanwhile there's a stink of fat and baby crap.
I'm doped and thick from my last sleeping pill.
The smog of cooking, the smog of hell
Floats our heads, two venomous opposites,
Our bones, our hair.
I call you Orphan, orphan. You are ill.
The sun gives you ulcers, the wind gives you T.B.
Once you were beautiful.
In New York, in Hollywood, the men said: "Through?
Gee baby, you are rare."
You acted, acted, acted for the thrill.
The impotent husband slumps out for a coffee.
I try to keep him in,
An old pole for the lightning,
The acid baths, the skyfuls off of you.
He lumps it down the plastic cobbled hill,
Flogged trolley. The sparks are blue.
The blue sparks spill,
Splitting like quartz into a million bits.

O jewel! O valuable!
That night the moon
Dragged its blood bag, sick
Animal
Up over the harbor lights.
And then grew normal,
Hard and apart and white.

Eu devia sentar numa pedra na Cornualha e pentear o cabelo.
Eu devia usar calças tigradas, ter um amante.
Deveríamos nos encontrar em outra vida, em outros ares,
Eu e você.

Enquanto isso, um fedor de gordura e cocô de bebê.
Estou dopada e pesada por causa do sonífero.
Nossas cabeças pairam, opostos venenosos,
E nossos ossos, nossos cabelos,
Em meio à fumaça de fritura, fumaça do inferno.
Chamo você de Órfã, órfã. Você se sente mal.
O sol te dá úlcera; o vento, tuberculose.
Você já foi uma mulher bonita.
Em Nova York, em Hollywood, os homens diziam:
"Ei, Baby, você é especial!"
Você fez tudo, tudo para ter emoção.
O marido impotente se arrasta para um café.
Tento segurá-lo em casa,
Um velho mastro para-raios,
Banhos ácidos, o excesso de você.
Ele desce a colina de pedras,
O carrinho detonado. As faíscas são azuis.
As faíscas azuis se espalham,
Estilhaçam como quartzo em milhões de pedaços.

Ó joia valiosa!
Naquela noite a lua
Parecia arrastar uma bolsa de sangue, como um animal
Doente,
Por cima das luzes do porto.
Depois ela voltou ao normal,
Dura e distante e branca.

*The scale-sheen on the sand scared me to death.*
*We kept picking up handfuls, loving it,*
*Working it like dough, a mulatto body,*
*The silk grits.*
*A dog picked up your doggy husband. He went on.*

*Now I am silent, hate*
*Up to my neck,*
*Thick, thick.*
*I do not speak.*
*I am packing the hard potatoes like good clothes,*
*I am packing the babies,*
*I am packing the sick cats.*
*O vase of acid,*
*It is love you are full of. You know who you hate.*
*He is hugging his ball and chain down by the gate*
*That opens to the sea*
*Where it drives in, white and black,*
*Then spews it back.*
*Every day you fill him with soul-stuff, like a pitcher.*
*You are so exhausted.*
*Your voice my ear-ring,*
*Flapping and sucking, blood-loving bat.*
*That is that. That is that.*
*You peer from the door,*
*Sad hag. "Every woman's a whore.*
*I can't communicate."*

*I see your cute décor*
*Close on you like the fist of a baby*
*Or an anemone, that sea*
*Sweetheart, that kleptomaniac.*

As escamas brilhando na areia me deixaram apavorada.
Pegamos uma porção, brincamos com elas,
Modelando como massa, um corpo escuro,
Grãos de seda.
Um cão veio atrás do seu marido chegado num cachorro. Ele saiu.

Estou aqui calada, com ódio
Até o pescoço,
Denso, denso.
Sigo em silêncio.
Embrulho as batatas como roupas finas,
Embrulho os bebês,
Embrulho os gatos doentes.
Ó jarro de ácido,
É amor que o preenche. Você sabe a quem odiar.
Ele carrega a bola e a corrente até o portão
Que dá para o mar
O mar entra aqui, preto e branco,
E depois recua.
Todos os dias você enche esse homem de alma, como um vaso.
Você está tão exausta.
Sua voz é um brinco,
Que voa e suga, morcego louco por sangue.
É o que é. É o que é.
Você espia da porta,
Velha capenga. "Toda mulher é vadia.
Não consigo me comunicar."

Vejo sua casa decorada
Ao seu redor como punho de bebê.
Ou como uma anêmona, queridinha
Do mar, cleptomaníaca.

*I am still raw.*
*I say I may be back.*
*You know what lies are for.*

*Even in your Zen heaven we shan't meet.*

Ainda não estou pronta.
Eu digo que talvez volte em breve.
Você sabe reconhecer uma mentira.

Nem em seu paraíso Zen vamos nos ver outra vez.

## THE JAILER

*My night sweats grease his breakfast plate.*
*The same placard of blue fog is wheeled into position*
*With the same trees and headstones.*
*Is that all he can come up with,*
*The rattler of keys?*

*I have been drugged and raped.*
*Seven hours knocked out of my right mind*
*Into a black sack*
*Where I relax, foetus or cat,*
*Lever of his wet dreams.*

*Something is gone.*
*My sleeping capsule, my red and blue zeppelin*
*Drops me from a terrible altitude.*
*Carapace smashed,*
*I spread to the beaks of birds.*

*O little gimlets—*
*What holes this papery day is already full of!*
*He has been burning me with cigarettes,*
*Pretending I am a negress with pink paws.*
*I am myself. That is not enough.*

*The fever trickles and stiffens in my hair.*
*My ribs show. What have I eaten?*
*Lies and smiles.*

## O CARCEREIRO

Meu suor noturno tempera o café da manhã dele.
O mesmo aviso de neblina azul ao lado
Das mesmas árvores e lápides.
Isso é tudo o que ele pode me trazer,
Esse cascavel das chaves?

Fui drogada e estuprada.
Sete horas nocauteada, fora de mim,
Num saco preto
Onde repouso, como gato ou feto,
Gatilho dos sonhos eróticos dele.

Alguma coisa acabou.
Minha cápsula de dormir, zepelim azul e vermelho,
Me derruba de uma altura assustadora.
Carapaça esmagada,
Migalhas para os pássaros.

Ó pequena broca —
Quantos buracos já fez nesse dia de papel?
Ele me queima com cigarro,
Finge que sou uma negra de patas rosadas.
Eu sou eu mesma. Mas não adianta.

A febre goteja e enrijece meu cabelo.
Minhas costelas à mostra. O que foi que eu comi?
Mentiras e sorrisos.

*Surely the sky is not that color,
Surely the grass should be rippling.*

*All day, gluing my church of burnt matchsticks,
I dream of someone else entirely.
And he, for this subversion,
Hurts me, he
With his armor of fakery,*

*His high cold masks of amnesia.
How did I get here?
Indeterminate criminal,
I die with variety—
Hung, starved, burned, hooked.*

*I imagine him
Impotent as distant thunder,
In whose shadow I have eaten my ghost ration.
I wish him dead or away.
That, it seems, is the impossibility.*

*That being free. What would the dark
Do without fevers to eat?
What would the light
Do without eyes to knife, what would he
Do, do, do without me?*

Sei que o céu não é dessa cor,
Sei que a grama deveria ondular.

O dia todo ergo uma igreja com palitos de fósforo queimados,
E sonho com alguém totalmente diferente.
Por essa subversão,
Ele me fere, veste
Uma capa de fingimento,

Máscaras frias de amnésia.
Como vim parar aqui?
Criminosa indeterminada,
Morro de tantas formas —
Enforcada, faminta, queimada, pendurada.

Para mim ele é tão
Impotente quanto um trovão distante.
Comi minha ração de fantasma à sombra dele.
Quero que ele morra, ou vá embora.
Parece impossível.

Ser livre. O que faria a escuridão
Se não tivesse a febre para se alimentar?
O que faria a luz
Sem olhos para esfaquear, o que será,
O que será que ele faria sem mim?

***A SECRET***

*A secret! A secret!*
*How superior.*
*You are blue and huge, a traffic policeman,*
*Holding up one palm—*

*A difference between us?*
*I have one eye, you have two.*
*The secret is stamped on you,*
*Faint, undulant watermark.*

*Will it show in the black detector?*
*Will it come out*
*Wavery, indelible, true*
*Through the African giraffe in its Edeny greenery,*

*The Moroccan hippopotamus?*
*They stare from a square, stiff frill.*
*They are for export,*
*One a fool, the other a fool.*

*A secret... An extra amber*
*Brandy finger*
*Roosting and cooing "You, you"*
*Behind two eyes in which nothing is reflected but monkeys.*

*A knife that can be taken out*
*To pare nails,*

**UM SEGREDO**

Um segredo! Um segredo!
Muito importante.
Você é azul, grandalhão, um guarda de trânsito
Com a palma da mão erguida —

Uma diferença entre nós?
Eu tenho um olho; você, dois.
O segredo vem estampado na sua cara,
Linha-d'agua tênue e ondulante.

Ele vai aparecer no detector preto?
Virá à tona
Sinuoso, inesquecível, real,
Na girafa africana entre a folhagem do Éden,

Ou no hipopótamo marroquino?
Olham por um véu quadrado com bordado.
São para exportação.
Um deles, idiota, o outro, idiota.

Um segredo... Um dedo extra
Cor de âmbar
Que se empoleira e arrulha: "Você, você".
Atrás de dois olhos que só refletem macacos.

Uma faca que pode ser usada
Para polir as unhas,

To lever the dirt.
"It won't hurt."

An illegitimate baby—
That big blue head—
How it breathes in the bureau drawer!
"Is that lingerie, pet?

"It smells of salt cod, you had better
Stab a few cloves in an apple,
Make a sachet or
Do away with the bastard.

"Do away with it altogether."
"No, no, it is happy there."
"But it wants to get out!
Look, look! It is wanting to crawl."

My god, there goes the stopper!
The cars in the Place de la Concorde—
Watch out!
A stampede, a stampede!

Horns twirling and jungle gutturals!
An exploded bottle of stout,
Slack foam in the lap.
You stumble out,

Dwarf baby,
The knife in your back.
"I feel weak."
The secret is out.

Tirar a sujeira.
"Não vai doer".

Um bebê bastardo —
Com um cabeção triste —
Como faz para respirar na gaveta do escritório?
"É uma lingerie, um bicho de estimação?

"Fedor de bacalhau,
É melhor espetar na maçã uns cravos,
Fazer um sachê ou
Se livrar do desgraçado.

"Se livrar de tudo de uma vez."
"Não, nada disso, ele é feliz aqui."
"Mas quer sair!
Veja só, está querendo engatinhar."

Meu deus, aí vem o tampão!
Os carros na Place de la Concorde —
Cuidado!
Uma debandada!

Chifres girando, sons guturais!
Uma garrafa de cerveja preta explode,
A espuma escorre no colo.
Você tropeça,

Bebê anão,
Uma faca nas costas.
"Vou desmaiar."
O segredo se revela.

**THE SWARM**


*Somebody is shooting at something in our town—*
*A dull pom, pom in the Sunday street.*
*Jealousy can open the blood,*
*It can make black roses.*
*Who are they shooting at?*

*It is you the knives are out for*
*At Waterloo, Waterloo, Napoleon,*
*The hump of Elba on your short back,*
*And the snow, marshaling its brilliant cutlery*
*Mass after mass, saying Shh!*

*Shh! These are chess people you play with,*
*Still figures of ivory.*
*The mud squirms with throats,*
*Stepping stones for French bootsoles.*
*The gilt and pink domes of Russia melt and float off*

*In the furnace of greed. Clouds, clouds.*
*So the swarm balls and deserts*
*Seventy feet up, in a black pine tree.*
*It must be shot down. Pom! Pom!*
*So dumb it thinks bullets are thunder.*

*It thinks they are the voice of God*
*Condoning the beak, the claw, the grin of the dog*
*Yellow-haunched, a pack-dog,*

## O ENXAME

Alguém dispara contra alguma coisa na nossa cidade.
Um *pow pow* surdo na rua no domingo.
O ciúme pode fazer sangrar,
Pode criar rosas negras.
Contra quem disparam?

É para você que as lanças apontam
Em Waterloo, Waterloo, Napoleão,
A corcunda de Elba em suas costas minúsculas,
E a neve dispondo as lanças brilhantes
Pilha sobre pilha, dizendo Shiu!

Shiu! Você compete com a turma do xadrez,
Essas figuras imóveis de marfim.
A lama cheia de gargantas,
Degraus de pedra para botas francesas.
Os domos dourados e rosados da Rússia derretem e flutuam

Nos fornos da ganância. Nuvens, nuvens.
Assim, o enxame se forma e deserda, subindo
A vinte metros de altura, num pinheiro negro.
Ele deve ser abatido. *Pow! Pow!*
Tão idiota, acha que os tiros são trovões.

Acha que são a voz de Deus
Que perdoa o focinho, a garra, o sorriso do cão
De pernas amareladas, cão de carga,

*Grinning over its bone of ivory
Like the pack, the pack, like everybody.*

*The bees have got so far. Seventy feet high!
Russia, Poland and Germany!
The mild hills, the same old magenta
Fields shrunk to a penny
Spun into a river, the river crossed.*

*The bees argue, in their black ball,
A flying hedgehog, all prickles.
The man with gray hands stands under the honeycomb
Of their dream, the hived station
Where trains, faithful to their steel arcs,*

*Leave and arrive, and there is no end to the country.
Pom! Pom! They fall
Dismembered, to a tod of ivy.
So much for the charioteers, the outriders, the Grand Army!
A red tatter, Napoleon!*

*The last badge of victory.
The swarm is knocked into a cocked straw hat.
Elba, Elba, bleb on the sea!
The white busts of marshals, admirals, generals
Worming themselves into niches.*

*How instructive this is!
The dumb, banded bodies
Walking the plank draped with Mother France's upholstery
Into a new mausoleum,
An ivory palace, a crotch pine.*

Sorrindo para os ossos de marfim
Feito matilha, matilha, feito todo mundo.

As abelhas foram tão alto. Vinte metros!
Rússia, Polônia e Alemanha!
As colinas plácidas, os campos de um mesmo
Magenta desbotado, reduzidos a uma moedinha
Lançada num rio, um rio atravessado.

As abelhas discutem, em sua bola preta,
Um ouriço voador cheio de espinhos.
O homem de mãos cinzentas parado sob o favo de mel
Tão sonhado pelas abelhas, a estação-colmeia
Onde os trens, fiéis a seus arcos de aço,

Chegam e partem, nesse país que não tem fim.
*Pow! Pow!* Caem
Se desmembrando, sobre um arbusto.
E lá se vão os cocheiros, os batedores, o Grande exército!
Um trapo vermelho, Napoleão!

O último emblema da vitória.
O enxame se transforma num chapéu de palha bicorne.
Elba, Elba, bolhas no mar!
Os bustos brancos de marechais, almirantes, generais
Arrastando-se para os seus nichos.

Que instrutivo!
Corpos calados e enfaixados
Agora condenados, enrolados nas cores da Mãe França
Seguem para um novo mausoléu,
Um palácio de marfim, um pinheiro bifurcado.

*The man with gray hands smiles—*
*The smile of a man of business, intensely practical.*
*They are not hands at all*
*But asbestos receptacles.*
*Pom! Pom! "They would have killed me."*

*Stings big as drawing pins!*
*It seems bees have a notion of honor,*
*A black intractable mind.*
*Napoleon is pleased, he is pleased with everything.*
*O Europe! O ton of honey!*

O homem com as mãos cinzentas sorri —
Um sorriso de homem de negócios, bem pragmático.
O que ele tem não são mãos,
Mas potes de amianto.
Pow! Pow! "Elas podiam ter *me* matado."

Ferrões tão grandes quanto alfinetes de cortiça!
As abelhas parecem ter um senso de honra,
Um espírito rebelde e sombrio.
Napoleão está contente, muito contente com tudo.
Ó Europa, ó toneladas de mel!

## THE COURAGE OF SHUTTING-UP

*The courage of the shut mouth, in spite of artillery!*
*The line pink and quiet, a worm, basking.*
*There are black disks behind it, the disks of outrage,*
*And the outrage of a sky, the lined brain of it.*
*The disks revolve, they ask to be heard—*

*Loaded, as they are, with accounts of bastardies.*
*Bastardies, usages, desertions and doubleness,*
*The needle journeying in its groove,*
*Silver beast between two dark canyons,*
*A great surgeon, now a tattooist,*

*Tattooing over and over the same blue grievances,*
*The snakes, the babies, the tits*
*On mermaids and two-legged dreamgirls.*
*The surgeon is quiet, he does not speak.*
*He has seen too much death, his hands are full of it.*

*So the disks of the brain revolve, like the muzzles of cannon.*
*Then there is that antique billhook, the tongue,*
*Indefatigable, purple. Must it be cut out?*
*It has nine tails, it is dangerous.*
*And the noise it flays from the air, once it gets going!*

*No, the tongue, too, has been put by,*
*Hung up in the library with the engravings of Rangoon*
*And the fox heads, the otter heads, the heads of dead rabbits.*

## A CORAGEM DE SE CALAR

Que coragem ter a boca fechada, apesar do bombardeio!
Linha rósea e calma, minhoca ao sol.
Atrás dela, os discos pretos, indignados,
E a indignação dos céus, a cabeça cheia de tudo isso.
Os discos giram, pedem para ser ouvidos —

Com as histórias sobre bastardos.
Bastardos, costumes, abandonos, falsidades,
A agulha passeia pelo sulco,
Bicho prata entre dois cânions pretos,
Um cirurgião importante, agora tatuador,

Tatua sem cessar as mesmas tristes mágoas,
As cobras, os bebês, os seios
Das sereias e das mulheres dos sonhos.
O cirurgião está calmo, não diz nada.
Já viu tantas mortes, tem as mãos cheias de morte.

Os discos da cabeça giram, são bocas de canhão.
Depois há essa foice antiga, a língua,
Roxa, que não se cansa. Deve ser cortada fora?
Tem nove caudas, é perigosa.
E o barulho que vem pelo ar!

Não, a língua também foi deixada de lado,
Pendurada na biblioteca com gravuras de Rangoon
Ao lado de cabeças de raposas, lontras e coelhos mortos.

*It is a marvelous object—*
*The things it has pierced in its time.*

*But how about the eyes, the eyes, the eyes?*
*Mirrors can kill and talk, they are terrible rooms*
*In which a torture goes on one can only watch.*
*The face that lived in this mirror is the face of a dead man.*
*Do not worry about the eyes—*

*They may be white and shy, they are no stool pigeons,*
*Their death rays folded like flags*
*Of a country no longer heard of,*
*An obstinate independency*
*Insolvent among the mountains.*

Que objeto maravilhoso —
Perfurou tantas coisas.

Mas e os olhos, os olhos, os olhos?
Espelhos podem matar e falar, são quartos terríveis
Quem entra neles, só se tortura.
O rosto que morou no espelho é de um homem morto.
Não se preocupe com os olhos —

São brancos e tímidos, mas não delatam nada,
Têm raios mortais dobrados como a bandeira
De um país há muito esquecido,
Uma independência obstinada
E falida no meio das montanhas.

## THE DETECTIVE

*What was she doing when it blew in*
*Over the seven hills, the red furrow, the blue mountain?*
*Was she arranging cups? It is important.*
*Was she at the window, listening?*
*In that valley the train shrieks echo like souls on hooks.*

*That is the valley of death, though the cows thrive.*
*In her garden the lies were shaking out their moist silks*
*And the eyes of the killer moving sluglike and sidelong,*
*Unable to face the fingers, those egotists.*
*The fingers were tamping a woman into a wall,*

*A body into a pipe, and the smoke rising.*
*This is the smell of years burning, here in the kitchen,*
*These are the deceits, tacked up like family photographs,*
*And this is a man, look at his smile,*
*The death weapon? No one is dead.*

*There is no body in the house at all.*
*There is the smell of polish, there are plush carpets.*
*There is the sunlight, playing its blades,*
*Bored hoodlum in a red room*
*Where the wireless talks to itself like an elderly relative.*

*Did it come like an arrow, did it come like a knife?*
*Which of the poisons is it?*
*Which of the nerve-curlers, the convulsors? Did it electrify?*

**DETETIVE**

O que ela fazia quando de repente tudo aconteceu
Sobre as sete colinas, o sulco rubro, a montanha azul?
Guardava a louça? É importante saber.
Ou estava na janela, só à escuta?
Os gritos do trem ecoam como almas penduradas.

Este é o vale da morte, embora as vacas prosperem.
No jardim, mentiras sacodem as sedas úmidas
E os olhos do assassino se movem lentos como lesmas,
Incapazes de olhar para os dedos, esses egoístas.
Os dedos esconderam uma mulher dentro da parede,

Um corpo dentro do cano, e a fumaça subindo.
Esse é o cheiro dos anos queimando, aqui na cozinha,
Esses são os enganos, paralisados como fotos de família,
E esse aqui é o homem, veja só o sorriso dele,
A arma é mortal? Não, ninguém morreu.

Não há corpo nessa casa.
Há, sim, um cheiro de cera, tapetes felpudos.
O sol com suas lâminas de luz,
Gângster já farto, num quarto vermelho,
Onde o rádio, feito um parente idoso, fala sozinho.

Veio em forma de flecha, em forma de faca?
É um tipo de veneno?
É um afeta-nervos, um convulsor? Será que dá choque?

*This is a case without a body.*
*The body does not come into it at all.*

*It is a case of vaporization.*
*The mouth first, its absence reported*
*In the second year. It had been insatiable*
*And in punishment was hung out like brown fruit*
*To wrinkle and dry.*

*The breasts next.*
*These were harder, two white stones.*
*The milk came yellow, then blue and sweet as water.*
*There was no absence of lips, there were two children,*
*But their bones showed, and the moon smiled.*

*Then the dry wood, the gates,*
*The brown motherly furrows, the whole estate.*
*We walk on air, Watson.*
*There is only the moon, embalmed in phosphorus.*
*There is only a crow in a tree. Make notes.*

Este caso não tem um corpo.
O corpo não chegou a existir.

Tem mais a ver com um vapor.
Primeiro, a boca, o relato de sua ausência
No segundo ano. Ela se tornou insaciável
E, por castigo, foi deixada, como fruta passada,
Para enrugar e secar.

Em seguida, os seios.
Eles eram firmes, duas pedras brancas.
O leite veio amarelado, depois azul e doce como água.
Não foi por falta de lábios, havia duas crianças,
Mas os ossos estavam à mostra e a lua sorria.

Depois, a lenha seca, os portões,
Os sulcos maternais e marrons, toda a propriedade.
Caminhamos nas nuvens, meu caro Watson.
Há apenas a lua, conservada em fósforo.
Há apenas um corvo numa árvore. Anote tudo.

**FOR A FATHERLESS SON**

*You will be aware of an absence, presently,*
*Growing beside you, like a tree,*
*A death tree, color gone, an Australian gum tree—*
*Balding, gelded by lightning—an illusion,*
*And a sky like a pig's backside, an utter lack of attention.*

*But right now you are dumb.*
*And I love your stupidity,*
*The blind mirror of it. I look in*
*And find no face but my own, and you think that's funny.*
*It is good for me*

*To have you grab my nose, a ladder rung.*
*One day you may touch what's wrong*
*The small skulls, the smashed blue hills, the godawful hush.*
*Till then your smiles are found money.*

**PARA UM FILHO SEM PAI**

Em breve você vai notar uma ausência
Crescendo ao seu lado, como uma árvore,
Uma árvore morta, sem cor, um eucalipto —
Calvo, assolado por raios — uma ilusão,
O céu feito um presunto, uma falta completa.

Mas por ora você não sabe de nada.
E eu adoro sua estupidez,
Um espelho cego. Olho para ele
E só vejo meu rosto, e você acha graça.
É tão bom quando

Você pega meu nariz, um degrau de escada.
Um dia talvez você toque no que está errado
Pequenas caveiras, colinas destruídas, um silêncio terrível.
Até lá, seus sorrisos são um tesouro descoberto.

# **WORDS HEARD, BY ACCIDENT, OVER THE PHONE**

*O mud, mud, how fluid!—*
*Thick as foreign coffee, and with a sluggy pulse.*
*Speak, speak! Who is it?*
*It is the bowel-pulse, lover of digestibles.*
*It is he who has achieved these syllables.*

*What are these words, these words?*
*They are plopping like mud.*
*O god, how shall I ever clean the phone table?*
*They are pressing out of the many-holed earpiece, they are looking*
* [for a listener.*
*Is he here?*

*Now the room is ahiss. The instrument*
*Withdraws its tentacle.*
*But the spawn percolate in my heart. They are fertile.*
*Muck funnel, muck funnel—*
*You are too big. They must take you back!*

**PALAVRAS OUVIDAS, POR ACASO, AO TELEFONE**

Lama, lama, um lamaçal! —
Densa como café importado, com passo de lesma.
Alô, alô! Quem está aí?
É um ronco intestinal, amante do digerível.
Foi quem inventou essas sílabas.

O que são essas palavras, essas palavras?
Vêm chapinhando como lama
Meu deus, como vou limpar a mesa do telefone?
Uma pressão nos buraquinhos do aparelho, que busca um
                                          [ouvinte.
Ele está aqui?

Agora o quarto está quieto. O instrumento
Recolhe seus tentáculos.
Mas a prole já penetrou meu coração. Ela é fértil.
Funil imundo, imundíssimo —
Você é descomunal. Deve ser levado de volta!

**THE OTHER**

*You come in late, wiping your lips.
What did I leave untouched on the doorstep—*

*White Nike,
Streaming between my walls?*

*Smilingly, blue lightning
Assumes, like a meathook, the burden of his parts.*

*The police love you, you confess everything.
Bright hair, shoe-black, old plastic,*

*Is my life so intriguing?
Is it for this you widen your eye-rings?*

*Is it for this the air motes depart?
They are not air motes, they are corpuscles.*

*Open your handbag. What is that bad smell?
It is your knitting, busily*

*Hooking itself to itself,
It is your sticky candies.*

*I have your head on my wall.
Navel cords, blue-red and lucent,*

**A OUTRA**

Você volta tarde, limpando os lábios.
O que foi que eu deixei na porta de entrada —

Nice, a deusa branca,
Flutuando entre as paredes?

Você vem sorridente, raio azulado que carrega
O próprio fardo, como um gancho de açougue.

A polícia te adora porque você confessa tudo.
Cabelo brilhante, sapatos pretos, plástico velho,

Minha vida é assim tão intrigante?
Por isso você arregala os olhos?

Por isso as partículas voam no ar?
Não são partículas, e sim corpúsculos.

Abra sua bolsa. Que cheiro horrível é esse?
É seu tricô que energicamente

Perfura a si mesmo,
São suas balas grudentas.

Tenho sua cabeça presa na minha parede.
O cordão umbilical, azul-sanguíneo e brilhante,

*Shriek from my belly like arrows, and these I ride.
O moon-glow, o sick one,*

*The stolen horses, the fornications
Circle a womb of marble.*

*Where are you going
That you suck breath like mileage?*

*Sulfurous adulteries grieve in a dream.
Cold glass, how you insert yourself*

*Between myself and myself.
I scratch like a cat.*

*The blood that runs is dark fruit—
An effect, a cosmetic.*

*You smile.
No, it is not fatal.*

Grita na minha barriga como uma flecha que cavalgo.
Ó luz da lua, tão doentia,

Cavalos roubados fornicam
Ao redor de um útero de mármore.

Para onde vai você
Assim afoito, engasgando na própria respiração?

Adultérios dolorosos magoam no sonho.
Vidro gelado, como você faz para se enfiar

Entre mim e mim mesma?
Eu arranho como um gato.

O sangue que jorra é um fruto escuro —
Um efeito, um cosmético.

Você sorri.
Não, não é nada fatal.

## **EVENT**

*How the elements solidify!—*
*The moonlight, that chalk cliff*
*In whose rift we lie*

*Back to back. I hear an owl cry*
*From its cold indigo.*
*Intolerable vowels enter my heart.*

*The child in the white crib revolves and sighs,*
*Opens its mouth now, demanding.*
*His little face is carved in pained, red wood.*

*Then there are the stars—ineradicable, hard.*
*One touch: it burns and sickens.*
*I cannot see your eyes.*

*Where apple bloom ices the night*
*I walk in a ring,*
*A groove of old faults, deep and bitter.*

*Love cannot come here.*
*A black gap discloses itself.*
*On the opposite lip*

*A small white soul is waving, a small white maggot.*
*My limbs, also, have left me.*
*Who has dismembered us?*

*The dark is melting. We touch like cripples.*

## ACONTECIMENTO

Como se solidificam os elementos! —
O luar e aquele penhasco de calcário
Com uma fenda na qual deitamos,

Um de costas para o outro. Ouço o pio
Da coruja vindo de seu índigo frio.
Vogais intoleráveis ocupam meu coração.

O bebê no berço branco se mexe e suspira,
Agora abre a boca, exigente.
O rostinho gravado em madeira vermelha, sofrida.

Depois, as estrelas — firmes, duras.
Um toque: queimam e adoecem.
Não consigo ver seus olhos.

Ali onde as flores da macieira congelam a noite
Eu caminho num círculo,
Um rastro de velhas culpas, fundo e amargo.

O amor não chega aqui.
Uma fissura negra se abre.
No outro lábio,

Uma alma branca acena, larva branca e pequena.
Meus braços também me deixaram.
Quem foi que nos desmembrou?

O escuro derrete. Tocamos um no outro feito mutilados.

## THE RABBIT CATCHER

It was a place of force—
The wind gagging my mouth with my own blown hair,
Tearing off my voice, and the sea
Blinding me with its lights, the lives of the dead
Unreeling in it, spreading like oil.

I tasted the malignity of the gorse,
Its black spikes,
The extreme unction of its yellow candle-flowers.
They had an efficiency, a great beauty,
And were extravagant, like torture.

There was only one place to get to.
Simmering, perfumed,
The paths narrowed into the hollow.
And the snares almost effaced themselves—
Zeros, shutting on nothing,

Set close, like birth pangs.
The absence of shrieks
Made a hole in the hot day, a vacancy.
The glassy light was a clear wall,
The thickets quiet.

I felt a still busyness, an intent.
I felt hands round a tea mug, dull, blunt,
Ringing the white china.
How they awaited him, those little deaths!
They waited like sweethearts. They excited him.

## O CAÇADOR DE COELHOS

Era um lugar cheio de força —
O vento me amordaçava com meu próprio cabelo,
Arrancava minha voz, e o mar
Me cegava de tanta luz, as vidas dos mortos
Se projetavam nele, se espalhavam feito petróleo.

Provei o veneno das plantas,
O tojo com espinhos pretos,
A extrema-unção das flores amarelas.
Eficazes, belas,
E extravagantes como a tortura.

Havia somente um lugar de acesso.
Reluzentes, perfumados,
Os caminhos se estreitavam dentro do vale.
E as armadilhas quase sumiam —
Eram nulas, davam em nada,

Se fechavam, feito as contrações de um parto.
A ausência de gritos
Abriu um buraco no dia quente, um vazio.
A luz vítrea era um muro transparente,
Matagal parado.

Eu sentia as coisas em repouso, só na intenção.
As mãos apagadas, embotadas, segurando
Uma xícara de chá, tocando na porcelana branca.
Essas pequenas mortes esperavam tanto por ele!
Como namoradinhas. Ele se animava com elas.

*And we, too, had a relationship—
Tight wires between us,
Pegs too deep to uproot, and a mind like a ring
Sliding shut on some quick thing,
The constriction killing me also.*

E nós: também tivemos uma relação —
Arames tesos entre os dois,
Estacas fundas demais para desenraizar, e a cabeça,
Um anel deslizando parado sobre algo veloz,
A compressão também me matava.

## *AMONG THE NARCISSI*

*Spry, wry, and gray as these March sticks,*
*Percy bows, in his blue peajacket, among the narcissi.*
*He is recuperating from something on the lung.*

*The narcissi, too, are bowing to some big thing:*
*It rattles their stars on the green hill where Percy*
*Nurses the hardship of his stitches, and walks and walks.*

*There is a dignity to this; there is a formality—*
*The flowers vivid as bandages, and the man mending.*
*They bow and stand: they suffer such attacks!*

*And the octogenarian loves the little flocks.*
*He is quite blue; the terrible wind tries his breathing.*
*The narcissi look up like children, quickly and whitely.*

**ENTRE OS NARCISOS**

Ágil, amargo, cinzento, tal como os gravetos de março,
Percy se curva por entre os narcisos com sua jaqueta azul.
Ele se recupera de um problema no pulmão.

Os narcisos também se curvam diante de algo grande:
Agitam suas coroas de estrelas na colina verde onde Percy
Se recobra de fisgadas dolorosas, e caminha, caminha.

Há uma dignidade nisso tudo; e uma formalidade —
Flores cheias de vida como os curativos, e o homem se curando.
Elas se curvam e se levantam: passam por cada coisa!

E o octogenário adora esses pequenos rebanhos.
Ele caminha azulado; o vento põe à prova sua respiração.
Ágeis e brancos, os narcisos olham para cima, como crianças.

**CROSSING THE WATER**

*Black lake, black boat, two black, cut-paper people.*
*Where do the black trees go that drink here?*
*Their shadows must cover Canada.*

*A little light is filtering from the water flowers.*
*Their leaves do not wish us to hurry:*
*They are round and flat and full of dark advice.*

*Cold worlds shake from the oar.*
*The spirit of blackness is in us, it is in the fishes.*
*A snag is lifting a valedictory, pale hand;*

*Stars open among the lilies.*
*Are you not blinded by such expressionless sirens?*
*This is the silence of astounded souls.*

## ATRAVESSANDO A ÁGUA

Lago preto, barco preto, duas pessoas em papel preto recortado.
Até onde vão essas árvores pretas que enraizadas bebem aqui?
Suas sombras devem cobrir todo o Canadá.

Uma luz tênue é filtrada pelas flores aquáticas.
Suas folhas não querem que nos apressemos:
São redondas, achatadas e cheias de conselhos sombrios.

Mundos frios se agitam com os remos.
O espírito das trevas está em nós, está nos peixes.
Um tronco levanta a mão pálida se despedindo;

Estrelas se abrem em meio aos lírios.
Não te enganam essas sereias mudas?
Este é o silêncio das almas assombradas.

## MIRROR

*I am silver and exact. I have no preconceptions.*
*Whatever I see I swallow immediately*
*Just as it is, unmisted by love or dislike.*
*I am not cruel, only truthful—*
*The eye of a little god, four-cornered.*
*Most of the time I meditate on the opposite wall.*
*It is pink, with speckles. I have looked at it so long*
*I think it is a part of my heart. But it flickers.*
*Faces and darkness separate us over and over.*

*Now I am a lake. A woman bends over me,*
*Searching my reaches for what she really is.*
*Then she turns to those liars, the candles or the moon.*
*I see her back, and reflect it faithfully.*
*She rewards me with tears and an agitation of hands.*
*I am important to her. She comes and goes.*
*Each morning it is her face that replaces the darkness.*
*In me she has drowned a young girl, and in me an old woman*
*Rises toward her day after day, like a terrible fish.*

**ESPELHO**

Sou de prata e exato. Não julgo de antemão.
Tudo o que vejo, engulo na hora.
Tal e qual, sem me iludir com amor ou ódio.
Não sou cruel, apenas sincero —
O olho de um pequeno deus, com quatro cantos.
Boa parte do tempo medito sobre a parede em frente.
Ela é cor-de-rosa, com manchas. Olhei tanto para ela
Que já faz parte de mim. Mas ela oscila.
Sempre nos separam os rostos e a escuridão.

Agora sou um lago. Uma mulher se debruça sobre mim.
Busca, em minhas bordas, o que ela é de verdade.
Depois se vira para a lua ou para as velas, duas falácias.
Vejo as costas dela, e devolvo um reflexo fiel.
Ela me retribui com lágrimas, depois agita as mãos.
Sou importante para ela. Ela vem e vai.
Todas as manhãs o rosto dela vem substituir o escuro.
Em mim ela afogou uma menina, e em mim uma mulher
Velha se ergue na direção dela, dia após dia, peixe sinistro.

**LAST WORDS**


*I do not want a plain box, I want a sarcophagus*
*With tigery stripes, and a face on it*
*Round as the moon, to stare up.*
*I want to be looking at them when they come*
*Picking among the dumb minerals, the roots.*
*I see them already—the pale, star-distance faces.*
*Now they are nothing, they are not even babies.*
*I imagine them without fathers or mothers, like the first gods.*
*They will wonder if I was important.*
*I should sugar and preserve my days like fruit!*
*My mirror is clouding over—*
*A few more breaths, and it will reflect nothing at all.*
*The flowers and the faces whiten to a sheet.*

*I do not trust the spirit. It escapes like steam*
*In dreams, through mouth-hole or eye-hole. I can't stop it.*
*One day it won't come back. Things aren't like that.*
*They stay, their little particular lusters*
*Warmed by much handling. They almost purr.*
*When the soles of my feet grow cold,*
*The blue eye of my turquoise will comfort me.*
*Let me have my copper cooking pots, let my rouge pots*
*Bloom about me like night flowers, with a good smell.*
*They will roll me up in bandages, they will store my heart*
*Under my feet in a neat parcel.*
*I shall hardly know myself. It will be dark,*
*And the shine of these small things sweeter than the face of Ishtar.*

## ÚLTIMAS PALAVRAS

Não quero uma caixa simples, mas um sarcófago
Com listras de tigre, e um rosto nele,
Redondo como a lua, e que olhe para cima.
Quero ver quando eles chegarem
Em meio aos minerais mudos e às raízes.
Já vejo cada um deles — rostos pálidos, a anos-luz daqui.
Agora não são nada, nem mesmo bebês.
Penso neles sem pai nem mãe, primeiros deuses.
Vão se perguntar se eu valia alguma coisa.
Vou adoçar e conservar meus dias como frutas!
Meu espelho está ficando nebuloso —
Mais umas respirações e vai parar de refletir.
Flores e rostos empalidecem até parecerem lençóis.

Não acredito no espírito. Ele escapa pelos buracos da boca
Ou dos olhos feito vapor nos sonhos. Não dá para evitar.
Um dia não volta mais. Mas as coisas são diferentes.
Resistem. Cada uma com brilhos específicos,
Aquecidas depois de tanto manuseio. Quase sussurram.
Quando meus pés ficarem frios,
O olho azulado da turquesa vai me confortar.
Quero ter minhas panelas cobreadas e ver o ruge florescer
Em meu rosto como flores noturnas, perfumadas.
Um dia vão me enrolar em faixas e guardar meu coração
Num pacote firme debaixo dos meus pés.
Vou ficar irreconhecível. Estará escuro e o lume
Dessas pequenas coisas será mais doce que o rosto de Ishtar.

## **BLACKBERRYING**

*Nobody in the lane, and nothing, nothing but blackberries,*
*Blackberries on either side, though on the right mainly,*
*A blackberry alley, going down in hooks, and a sea*
*Somewhere at the end of it, heaving. Blackberries*
*Big as the ball of my thumb, and dumb as eyes*
*Ebon in the hedges, fat*
*With blue-red juices. These they squander on my fingers.*
*I had not asked for such a blood sisterhood; they must love me.*
*They accommodate themselves to my milkbottle, flattening their sides.*

*Overhead go the choughs in black, cacophonous flocks—*
*Bits of burnt paper wheeling in a blown sky.*
*Theirs is the only voice, protesting, protesting.*
*I do not think the sea will appear at all.*
*The high, green meadows are glowing, as if lit from within.*
*I come to one bush of berries so ripe it is a bush of flies,*
*Hanging their bluegreen bellies and their wing panes in a Chinese screen.*
*The honey-feast of the berries has stunned them; they believe in heaven.*
*One more hook, and the berries and bushes end.*

*The only thing to come now is the sea.*
*From between two hills a sudden wind funnels at me,*
*Slapping its phantom laundry in my face.*
*These hills are too green and sweet to have tasted salt.*
*I follow the sheep path between them. A last hook brings me*
*To the hills' northern face, and the face is orange rock*
*That looks out on nothing, nothing but a great space*
*Of white and pewter lights, and a din like silversmiths*
*Beating and beating at an intractable metal.*

## COLHENDO AMORAS

Ninguém no caminho, e nada, nadinha, a não ser amoras,
Amoras dos dois lados, embora um pouco mais à direita,
Uma aleia de amoras descendo em curva, e um mar
Ao longe, no fim de tudo, agitado. Amoras imensas
Como a ponta do meu polegar, e mudas feito olhos
De ébano nos arbustos, cheias
De um suco azul-rubro, a escorrer pelos meus dedos.
Não pedi essa irmandade de sangue; acho que me adoram.
Acomodam-se ao jarro, achatando suas curvas.

No alto, as gralhas em revoadas negras, cacofônicas —
Pedaços de papel queimado rodopiando no céu tempestuoso.
A única voz que se ouve é delas, reclamam e reclamam.
Acho que o mar não vai mais aparecer.
Os prados verdes brilham, como se dotados de luz própria.
Um arbusto tem frutas tão maduras que é um arbusto de moscas,
Com barrigas azul-esverdeadas e asas de biombo chinês.
Elas se esbaldam na festa melada; acham que estão no paraíso.
Chega a última curva: amoras e arbustos acabam.

Adiante, apenas o mar.
Entre duas colinas, um vento súbito sopra
Seu traje de fantasma bem no meu rosto.
As colinas são muito verdes e doces para quem já provou o sal.
No meio delas, sigo o trajeto das ovelhas. Numa última curva
Chego ao lado norte: é uma pedra alaranjada
Que dá para o nada, nada, só um imenso espaço
De luzes brancas e metálicas, e um estrondo como se um
Ourives martelasse e martelasse um metal intratável.

**INSOMNIAC**

*The night sky is only a sort of carbon paper,*
*Blueblack, with the much-poked periods of stars*
*Letting in the light, peephole after peephole—*
*A bonewhite light, like death, behind all things.*
*Under the eyes of the stars and the moon's rictus*
*He suffers his desert pillow, sleeplessness*
*Stretching its fine, irritating sand in all directions.*

*Over and over the old, granular movie*
*Exposes embarrassments—the mizzling days*
*Of childhood and adolescence, sticky with dreams,*
*Parental faces on tall stalks, alternately stern and tearful,*
*A garden of buggy roses that made him cry.*
*His forehead is bumpy as a sack of rocks.*
*Memories jostle each other for face-room like obsolete film stars.*

*He is immune to pills: red, purple, blue—*
*How they lit the tedium of the protracted evening!*
*Those sugary planets whose influence won for him*
*A life baptized in no-life for a while,*
*And the sweet, drugged waking of a forgetful baby.*
*Now the pills are worn-out and silly, like classical gods.*
*Their poppy-sleepy colors do him no good.*

*His head is a little interior of gray mirrors.*
*Each gesture flees immediately down an alley*
*Of diminishing perspectives, and its significance*
*Drains like water out the hole at the far end.*

**INSONE**

O céu da noite é um papel-carbono
Preto-azulado, salpicado por estrelas
Que filtram a luz, uma série de olhos mágicos —
Por trás, a luz de um branco ósseo, como a morte.
Sob os olhos das estrelas e do ricto da lua,
Ele enfrenta o travesseiro deserto: a insônia
Atira sua areia fina para todos os lados.

Num fluxo sem fim, o velho filme granulado
Insiste em recordar suas aflições — os dias de garoa
Da infância e adolescência, melecados de sonhos,
Os pais imponentes, ora severos, ora chorosos,
As rosas infestadas de insetos que o levavam às lágrimas.
A testa cheia de calos parecendo um saco de pedras.
Memórias lutam para voltar, divas de filmes obsoletos.

Ele é imune aos remédios: vermelhos, roxos, azuis —
Como iluminavam o tédio de uma noite prolongada!
Planetas açucarados, com efeitos que, por um instante,
Traziam-lhe uma vida batizada em vida nenhuma,
E o despertar doce, dopado, de um bebê esquecido.
Agora os remédios estão gastos, como deuses clássicos.
Suas cores de papoula sonolenta já não fazem bem.

A cabeça dele é um interior de espelhos cinzentos.
Cada gesto se esvai por um caminho
De perspectivas que encolhem, e o sentido das coisas
Escorre como água por um buraco no fim de tudo.

*He lives without privacy in a lidless room,*
*The bald slots of his eyes stiffened wide-open*
*On the incessant heat-lightning flicker of situations.*

*Nightlong, in the granite yard, invisible cats*
*Have been howling like women, or damaged instruments.*
*Already he can feel daylight, his white disease,*
*Creeping up with her hatful of trivial repetitions.*
*The city is a map of cheerful twitters now,*
*And everywhere people, eyes mica-silver and blank,*
*Are riding to work in rows, as if recently brainwashed.*

Onde ele mora não há privacidade, é um quarto sem teto,
A fenda aberta dos olhos paralisada para o
Constante tremular de cada situação.

À noite, no pátio de granito, gatos invisíveis
Uivam como mulheres ou instrumentos desafinados.
Ele já sente chegar a luz do dia, essa doente pálida,
Ela vem sorrateira trazendo suas repetições banais.
Agora a cidade é um mapa de gorjeios alegres.
Com olhos prateados e vazios, as pessoas vão ao trabalho
Em filas, como se recém-saídas de uma lavagem cerebral.

## *I AM VERTICAL*

*But I would rather be horizontal.*
*I am not a tree with my root in the soil*
*Sucking up minerals and motherly love*
*So that each March I may gleam into leaf,*
*Nor am I the beauty of a garden bed*
*Attracting my share of Ahs and spectacularly painted,*
*Unknowing I must soon unpetal.*
*Compared with me, a tree is immortal*
*And a flower-head not tall, but more startling,*
*And I want the one's longevity and the other's daring.*

*Tonight, in the infinitesimal light of the stars,*
*The trees and flowers have been strewing their cool odors.*
*I walk among them, but none of them are noticing.*
*Sometimes I think that when I am sleeping*
*I must most perfectly resemble them—*
*Thoughts gone dim.*
*It is more natural to me, lying down.*
*Then the sky and I are in open conversation,*
*And I shall be useful when I lie down finally:*
*Then the trees may touch me for once, and the flowers have time for me.*

**SOU VERTICAL**

Mas queria mesmo ser horizontal.
Não sou uma árvore com as raízes no solo
Sugando minerais e amor materno
Para resplandecer em folhas a cada primavera,
Nem tenho a beleza de um canteiro de flores
Que provoca tantos Ahs!, com cores de tirar o fôlego,
Sem saber que, em breve, vou me despetalar.
Comparados a mim, uma árvore é imortal
E um ramo de flor pode não ser alto, mas surpreende.
O que mais quero é a longevidade dela e a audácia dele.

Essa noite, à luz infinitesimal das estrelas,
As árvores e flores espalham seus frios aromas.
Eu ando no meio delas, mas sem ser notada.
Às vezes acho que quando estou dormindo
É o momento em que mais me pareço com elas —
Os pensamentos minguam.
Para mim, o mais natural é estar deitada.
Assim, o céu e eu conversamos à vontade.
E vou ser útil quando me deitar para sempre:
As árvores vão me tocar enfim, e as flores terão tempo para mim.

**BARREN WOMAN**

Empty, I echo to the least footfall,
Museum without statues, grand with pillars, porticoes, rotundas.
In my courtyard a fountain leaps and sinks back into itself,
Nun-hearted and blind to the world. Marble lilies
Exhale their pallor like scent.

I imagine myself with a great public,
Mother of a white Nike and several bald-eyed Apollos.
Instead, the dead injure me with attentions, and nothing can happen.
The moon lays a hand on my forehead,
Blank-faced and mum as a nurse.

## MULHER ESTÉRIL

Estou vazia, passos mínimos ecoam em mim,
Museu sem estátuas, imponente: com pilares, pórticos, rotundas.
No meu pátio, uma fonte jorra e cai sobre si,
Pura e cega para o mundo. A palidez
Exala dos lírios de mármore feito perfume.

Imagino à minha frente um grande público,
Sou mãe de uma Nice branca e de vários Apolos de olhos vazios.
Mas os mortos me ferem com seus cuidados, e nada acontece.
A lua pousa a mão em minha testa,
Enfermeira impávida e muda.

## ZOO KEEPER'S WIFE

*I can stay awake all night, if need be—*
*Cold as an eel, without eyelids.*
*Like a dead lake the dark envelops me,*
*Blueblack, a spectacular plum fruit.*
*No airbubbles start from my heart, I am lungless*
*And ugly, my belly a silk stocking*
*Where the heads and tails of my sisters decompose.*
*Look, they are melting like coins in the powerful juices—*

*The spidery jaws, the spine bones bared for a moment*
*Like the white lines on a blueprint.*
*Should I stir, I think this pink and purple plastic*
*Guts bag would clack like a child's rattle,*
*Old grievances jostling each other, so many loose teeth.*
*But what do you know about that*
*My fat pork, my marrowy sweetheart, face-to-the-wall?*
*Some things of this world are indigestible.*

*You wooed me with the wolf-headed fruit bats*
*Hanging from their scorched hooks in the moist*
*Fug of the Small Mammal House.*
*The armadillo dozed in his sandbin*
*Obscene and bald as a pig, the white mice*
*Multiplied to infinity like angels on a pinhead*
*Out of sheer boredom. Tangled in the sweat-wet sheets*
*I remember the bloodied chicks and the quartered rabbits.*

## A MULHER DO GUARDA DO ZOOLÓGICO

Se for preciso, fico acordada a noite toda —
Fria como uma enguia, sem pálpebra.
O escuro me abraça feito um lago morto,
Preto-azulado, esplêndida ameixa.
Não saem bolhas do meu coração, não tenho pulmão,
Sou feia, a barriga é uma meia de seda, em que se
Decompõem as cabeças e os rabos de minhas irmãs.
Veja como derretem nos líquidos poderosos —

Queixos cobertos de aranha, vértebras à mostra
Por um instante como linhas brancas num projeto.
Se eu me mexer, esse saco plástico rosa e violeta
Com vísceras vai estalar como chocalho de criança.
Velhos lamentos se empurrando, tantos dentes perdidos.
Mas o que você sabe sobre o assunto,
Meu porquinho, amorzinho, você que não vê nada?
Há coisas indigestas nesse mundo.

Você me conquistou com morcegos frutíferos com
Cabeças de lobo pendurados em ganchos em meio ao
Ar úmido e pesado da Casa dos Pequenos Mamíferos.
O tatu cochilava no cesto de areia,
Obsceno e liso como um porco, os ratinhos brancos
Multiplicando-se, por puro tédio, como se fossem anjos
Numa cabeça de alfinete. Enrolada em lençóis molhados de suor
Lembro dos pintinhos ensanguentados e coelhos esquartejados.

*You checked the diet charts and took me to play
With the boa constrictor in the Fellows' Garden.
I pretended I was the Tree of Knowledge.
I entered your bible, I boarded your ark
With the sacred baboon in his wig and wax ears
And the bear-furred, bird-eating spider
Clambering round its glass box like an eight-fingered hand.
I can't get it out of my mind*

*How our courtship lit the tindery cages—
Your two-horned rhinoceros opened a mouth
Dirty as a bootsole and big as a hospital sink
For my cube of sugar: its bog breath
Gloved my arm to the elbow.
The snails blew kisses like black apples.
Nightly now I flog apes owls bears sheep
Over their iron stile. And still don't sleep.*

Você conferiu a tabela de dietas e me levou para brincar
Com a jiboia no Fellow's Garden.
Fingi que eu era a Árvore do Conhecimento.
Entrei em sua bíblia, embarquei em sua arca
Com um babuíno sagrado de peruca e cera no ouvido
E uma aranha peluda que come passarinho,
Espécie de mão de oito dedos, sob a redoma de vidro.
Não consigo tirar essa imagem da cabeça.

Nosso namoro acendia as jaulas inflamáveis —
Seu rinoceronte de dois chifres abriu a boca,
Suja como sola de sapato, grande como pia de hospital,
Ao ver minha pedrinha de açúcar: o hálito de pântano
Cobriu meu braço até o cotovelo.
Os caracóis mandaram beijos como maçãs pretas.
Agora todas as noites fustigo macacos corujas ursos ovelhas
Nos degraus de ferro. E continuo sem dormir.

**MAGI**

*The abstracts hover like dull angels:*
*Nothing so vulgar as a nose or an eye*
*Bossing the ethereal blanks of their face-ovals.*

*Their whiteness bears no relation to laundry,*
*Snow, chalk or suchlike. They're*
*The real thing, all right: the Good, the True—*

*Salutary and pure as boiled water,*
*Loveless as the multiplication table.*
*While the child smiles into thin air.*

*Six months in the world, and she is able*
*To rock on all fours like a padded hammock.*
*For her, the heavy notion of Evil*

*Attending her cot is less than a belly ache,*
*And Love the mother of milk, no theory.*
*They mistake their star, these papery godfolk.*

*They want the crib of some lamp-headed Plato.*
*Let them astound his heart with their merit.*
*What girl ever flourished in such company?*

**REIS MAGOS**

Abstrações pairam como anjos chatos:
Nada mais banal que um nariz ou um olho guiando
Os vazios celestes de seus rostos ovalados.

A palidez dos três não lembra em nada lavanderia,
Neve, giz ou coisas assim. Eles são
A coisa real, certa: a Bondade, a Verdade —

Saudáveis e puros como água fervendo,
Carentes de amor como uma tabuada.
Enquanto isso a criancinha sorri para o nada.

Seis meses no mundo, ela já é capaz
De se balançar como uma rede acolchoada.
Para ela, o conceito pesado de Mal

Ao lado da cama é menor que uma dor de barriga,
E o Amor é a sua ama de leite, e não uma teoria.
Eles se enganam de estrela, pobres criaturas de deus.

Desejam o berço de algum sábio Platão.
Que surpreendam o menino com o mérito deles.
Qual menina já conseguiu crescer em tal companhia?

## LOVE LETTER

Not easy to state the change you made.
If I'm alive now, then I was dead,
Though, like a stone, unbothered by it,
Staying put according to habit.
You didn't just toe me an inch, no—
Nor leave me to set my small bald eye
Skyward again, without hope, of course,
Of apprehending blueness, or stars.

That wasn't it. I slept, say: a snake
Masked among black rocks as a black rock
In the white hiatus of winter—
Like my neighbors, taking no pleasure
In the million perfectly-chiseled
Cheeks alighting each moment to melt
My cheek of basalt. They turned to tears,
Angels weeping over dull natures,
But didn't convince me. Those tears froze.
Each dead head had a visor of ice.

And I slept on like a bent finger.
The first thing I saw was sheer air
And the locked drops rising in a dew
Limpid as spirits. Many stones lay
Dense and expressionless round about.
I didn't know what to make of it.
I shone, mica-scaled, and unfolded
To pour myself out like a fluid

## CARTA DE AMOR

Não é fácil nomear a mudança que você fez.
Se agora estou viva, antes estava morta,
Mas, como uma pedra, nem ligava,
Ficava ali parada por puro hábito.
Não foi só um empurrãozinho que você deu —
E nem ter deixado que eu erguesse meus olhos
Outra vez para o céu, mas sem esperança, claro,
De abarcar o vasto azul, ou as estrelas.

Não foi isso. Era como se eu dormisse: cobra
Camuflada entre pedras negras, uma pedra negra
No hiato branco do inverno —
Feito meus vizinhos, sem achar graça nas
Milhares de bochechas bem marcadas
Acendendo a cada momento para derreter
A minha bochecha de basalto. Ficavam aos prantos,
Anjos chorando por naturezas tediosas,
Mas não me convenciam. As lágrimas congelavam.
Cada cabeça morta tinha uma viseira de gelo.

Eu continuava dormindo, fechada em mim.
A primeira coisa que vi foi o ar puro
E as gotas firmes que subiam em meio ao orvalho,
Límpidas como espíritos. Ao redor
Muitas pedras compactas, inexpressivas.
Eu não sabia o que fazer com aquilo tudo.
Então brilhei, com uma crosta de mica,
E me abri, jorrando feito um fluido

*Among bird feet and the stems of plants.*
*I wasn't fooled. I knew you at once.*

*Tree and stone glittered, without shadows.*
*My finger-length grew lucent as glass.*
*I started to bud like a March twig:*
*An arm and a leg, an arm, a leg.*
*From stone to cloud, so I ascended.*
*Now I resemble a sort of god*
*Floating through the air in my soul-shift*
*Pure as a pane of ice. It's a gift.*

Por entre patas de aves e caules das plantas.
Não era um passo em falso. Reconheci você na hora.

As árvores e pedras cintilavam, sem sombras.
Meus dedos cresceram, vidros luminosos.
Comecei a brotar como mato na primavera:
Um braço, uma perna, um braço, uma perna.
De pedra a nuvem, foi assim que subi aos céus.
Agora sou uma espécie de deus que fica
Suspenso no ar depois de trocar de alma,
Pura como lâmina de gelo. Que dádiva.

## TWO CAMPERS IN CLOUD COUNTRY

*In this country there is neither measure nor balance
To redress the dominance of rocks and woods,
The passage, say, of these man-shaming clouds.*

*No gesture of yours or mine could catch their attention,
No word make them carry water or fire the kindling
Like local trolls in the spell of a superior being.*

*Well, one wearies of the Public Gardens: one wants a vacation
Where trees and clouds and animals pay no notice;
Away from the labeled elms, the tame tea-roses.*

*It took three days driving north to find a cloud
The polite skies over Boston couldn't possibly accommodate.
Here on the last frontier of the big, brash spirit*

*The horizons are too far off to be chummy as uncles;
The colors assert themselves with a sort of vengeance.
Each day concludes in a huge splurge of vermilions*

*And night arrives in one gigantic step.
It is comfortable, for a change, to mean so little.
These rocks offer no purchase to herbage or people:*

*They are conceiving a dynasty of perfect cold.
In a month we'll wonder what plates and forks are for.
I lean to you, numb as a fossil. Tell me I'm here.*

## DOIS ACAMPADOS NO PAÍS DAS NUVENS

Nesse país não existe nem medida nem equilíbrio
Que compense o excesso de pedras e árvores
E nuvens, digamos, humilhantes, que passam no alto.

Nenhum gesto, seu ou meu, prenderia a atenção delas,
Nenhuma palavra faria com que elas levassem água ou
Fizessem fogueiras para os elfos, sob o feitiço de um ser superior.

Um dia nos cansamos dos parques públicos: queremos férias
Num lugar onde as árvores e nuvens não prestam atenção;
Longe de olmos catalogados e de rosas domesticadas.

Levamos três dias rumo ao norte até achar uma nuvem
Que o céu cortês de Boston jamais poderia receber.
Aqui, na última fronteira do grande espírito audacioso,

Os horizontes são remotos e, portanto, pouco amigáveis;
As cores se impõem como uma espécie de vingança,
Cada dia ostenta, ao fim, um tom escarlate grandioso

E a noite chega com um passo descomunal.
Que conforto se sentir insignificante.
As pedras não oferecem nada às pessoas ou ao mato:

Estão somente produzindo a dinastia do frio ideal.
Em um mês, não fará mais sentido usarmos pratos e garfos.
Eu grudo em você, inerte como um fóssil. Me diga que estou aqui.

*The Pilgrims and Indians might never have happened.*
*Planets pulse in the lake like bright amoebas;*
*The pines blot our voices up in their lightest sighs.*

*Around our tent the old simplicities sough*
*Sleepily as Lethe, trying to get in.*
*We'll wake blank-brained as water in the dawn.*

Rock Lake, Canada

Peregrinos e indígenas podem nunca ter existido.
Os planetas pulsam no lago feito amebas brilhantes.
Os pinheiros apagam nossas vozes com leves suspiros.

Ao redor da barraca, as coisas simples de outros tempos
Suspiram, sonolentas como o rio Lete tentando entrar.
Vamos acordar com a cabeça vazia, como água no raiar do dia.

*Rock Lake, Canadá*

## SLEEP IN THE MOJAVE DESERT

*Out here there are no hearthstones,
Hot grains, simply. It is dry, dry.
And the air dangerous. Noonday acts queerly
On the mind's eye, erecting a line
Of poplars in the middle distance, the only
Object beside the mad, straight road
One can remember men and houses by.
A cool wind should inhabit those leaves
And a dew collect on them, dearer than money,
In the blue hour before sunup.
Yet they recede, untouchable as tomorrow,
Or those glittery fictions of spilt water
That glide ahead of the very thirsty.*

*I think of the lizards airing their tongues
In the crevice of an extremely small shadow
And the toad guarding his heart's droplet.
The desert is white as a blind man's eye,
Comfortless as salt. Snake and bird
Doze behind the old masks of fury.
We swelter like firedogs in the wind.
The sun puts its cinder out. Where we lie
The heat-cracked crickets congregate
In their black armorplate and cry.
The day-moon lights up like a sorry mother,
And the crickets come creeping into our hair
To fiddle the short night away.*

## DORMIR NO DESERTO MOJAVE

Por aqui não há lares,
Apenas grãos quentes. É seco, seco.
O ar, perigoso. O meio-dia age de forma estranha
Na imaginação, erguendo uma linha
De álamos à meia distância, única
Coisa à beira dessa estrada reta e louca
Que evoca a presença de homens e casas.
Um vento gelado deve morar nessas folhas
E o orvalho valiosíssimo se acumula nelas,
Na hora azulada antes de raiar o dia.
Contudo ele some num instante, inatingível
Como o amanhã ou como miragens de água jorrando
Que sempre escapam daqueles que morrem de sede.

Penso nos lagartos exibindo suas línguas
Na réstia de uma sombra minúscula
E no sapo guardando uma gotícula que vale a sua vida.
O deserto é branco, feito os olhos de um cego,
E incômodo feito o sal. Cobras e pássaros
Cochilam em suas antigas máscaras de fúria.
Queimamos ao vento como ferro em brasa.
O sol espalha cinzas por todo canto. Bem onde nos
Deitamos, chegam grilos em couraças pretas,
Rachados de calor, e gritam.
A lua diurna se ilumina como uma mãe desolada,
E os grilos vêm se instalar em nossos cabelos
Tentando acelerar a curta noite.

## ON DECK

Midnight in the mid-Atlantic. On deck.
Wrapped up in themselves as in thick veiling
And mute as mannequins in a dress shop,
Some few passengers keep track
Of the old star-map on the ceiling.
Tiny and far, a single ship

Lit like a two-tiered wedding cake
Carries its candles slowly off.
Now there is nothing much to look at.
Still nobody will move or speak—
The bingo players, the players at love
On a square no bigger than a carpet

Are hustled over the crests and troughs,
Each stalled in his particular minute
And castled in it like a king.
Small drops spot their coats, their gloves:
They fly too fast to feel the wet.
Anything can happen where they are going.

The untidy lady revivalist
For whom the good Lord provides (He gave
Her a pocketbook, a pearl hatpin
And seven winter coats last August)
Prays under her breath that she may save
The art students in West Berlin.

## NO CONVÉS

Meia-noite no meio do Atlântico. No convés.
Ensimesmados como se debaixo de um véu grosso,
E mudos feito manequins numa vitrine,
Alguns passageiros sondam
O antigo mapa de estrelas no céu.
Ao longe, um barquinho iluminado

Feito um bolo duplo de casamento,
Com velas que se apagam aos poucos.
Já quase não há nada para se ver.
Ainda assim, ninguém se mexe nem fala —
Os que jogam bingo e os que jogam amor
Num quadrado menor que um tapete

São levados pelas cristas e pelas fossas,
Cada um enrolado no próprio tempo
E encastelado como um rei.
Pingos salpicam casacos e luvas:
Mas voam tão rápido que nem se sente o molhado.
Qualquer coisa pode acontecer.

A senhora antiquada, desajeitada,
Que o bom Senhor ajuda (Ele deu
A ela a carteira, o alfinete de pérola,
E sete casacos de inverno no último agosto),
Reza em voz baixa para que ela possa proteger
Os estudantes de arte de Berlim Ocidental.

*The astrologer at her elbow (a Leo)*
*Picked his trip-date by the stars.*
*He is gratified by the absence of icecakes.*
*He'll be rich in a year (and he should know)*
*Selling the Welsh and English mothers*
*Nativities at two-and-six.*

*And the white-haired jeweler from Denmark is carving*
*A perfectly faceted wife to wait*
*On him hand and foot, quiet as a diamond.*
*Moony balloons tied by a string*
*To their owners' wrists, the light dreams float*
*To be let loose at news of land.*

O astrólogo ao seu lado (um leonino)
Escolhia a data das férias pelas estrelas.
Está feliz porque aqui não há bolos brancos.
Dentro de um ano ficará rico (e deve saber disso)
Vendendo por uma pechincha mapas astrológicos
Para mães inglesas e galesas

E o joalheiro dinamarquês, todo grisalho, esculpe
Com precisão uma mulher tranquila como um
Diamante e que vai cuidar bem dele.
Balões em formato de lua, presos por um fio
Ao pulso do dono — são sonhos que flutuam
Para se soltarem no primeiro sinal de terra.

**STILLBORN**

*These poems do not live: it's a sad diagnosis.*
*They grew their toes and fingers well enough,*
*Their little foreheads bulged with concentration.*
*If they missed out on walking about like people*
*It wasn't for any lack of mother-love.*

*O I cannot understand what happened to them!*
*They are proper in shape and number and every part.*
*They sit so nicely in the pickling fluid!*
*They smile and smile and smile and smile at me.*
*And still the lungs won't fill and the heart won't start.*

*They are not pigs, they are not even fish,*
*Though they have a piggy and a fishy air—*
*It would be better if they were alive, and that's what they were.*
*But they are dead, and their mother near dead with distraction,*
*And they stupidly stare, and do not speak of her.*

**NATIMORTO**

Esses poemas não têm vida: é um triste diagnóstico.
Os dedos dos pés e das mãos cresceram normalmente,
E eles franziam as pequenas testas, concentrados.
Se não conseguiram andar por aí como pessoas
Não foi por falta de amor materno.

Não consigo entender o que houve!
Eles são simétricos, têm tudo no lugar.
Estão ali à vontade num pote de conserva!
Sorriem e sorriem e sorriem para mim.
Mas os pulmões não inflam e o coração não bate.

Não são porcos, nem peixes,
Embora tenham uma aparência suína e marinha —
Queria que estivessem vivos, e já estiveram.
Mas agora estão mortos, e a mãe quase morta, por desespero,
E eles continuam encarando-a, estúpidos, sem falar dela.

**PRIVATE GROUND**

*First frost, and I walk among the rose-fruit, the marble toes
Of the Greek beauties you brought
Off Europe's relic heap
To sweeten your neck of the New York woods.
Soon each white lady will be boarded up
Against the cracking climate.*

*All morning, with smoking breath, the handyman
Has been draining the goldfish ponds.
They collapse like lungs, the escaped water
Threading back, filament by filament, to the pure
Platonic table where it lives. The baby carp
Litter the mud like orangepeel.*

*Eleven weeks, and I know your estate so well
I need hardly go out at all.
A superhighway seals me off.
Trading their poisons, the north and south bound cars
Flatten the doped snakes to ribbon. In here, the grasses
Unload their griefs on my shoes,*

*The woods creak and ache, and the day forgets itself.
I bend over this drained basin where the small fish
Flex as the mud freezes.
They glitter like eyes, and I collect them all.
Morgue of old logs and old images, the lake
Opens and shuts, accepting them among its reflections.*

## PROPRIEDADE PRIVADA


Primeira geada do ano, ando entre as rosas e os dedos
De mármore das beldades gregas que você trouxe
Do monte de relíquias europeias
Para acalentar seu cantinho em Nova York.
Em breve essas trepadeiras brancas serão cobertas
Com tábuas, ao abrigo das intempéries.

Pela manhã, um faz-tudo com hálito de fumante
Drena os lagos com peixinhos dourados.
Eles se esvaziam como pulmões, a água que
Escapa retorna, filete por filete, à pura mesa
Platônica onde vive. Os filhotes de carpas
Se espalham pela lama como cascas de laranja.

Onze semanas e já conheço tão bem essas terras
Que quase não preciso sair daqui.
Uma autoestrada me isola do mundo.
Trocando venenos, carros achatam
As cobras e as reduzem a listras. Aqui,
O mato joga suas mágoas em meus sapatos,

O bosque estala e sofre, e o dia se abandona.
Me inclino sobre o aquário drenado, e os peixinhos
Envergam à medida que a lama congela.
Brilham como olhos, e eu pego todos eles.
Necrotério de troncos, de imagens velhas, o lago se abre
E se fecha, e acolhe cada peixe entre seus reflexos.

## CONVERSATION AMONG THE RUINS

*Through portico of my elegant house you stalk*
*With your wild furies, disturbing garlands of fruit*
*And the fabulous lutes and peacocks, rending the net*
*Of all decorum which holds the whirlwind back.*
*Now, rich order of walls is fallen; rooks croak*
*Above the appalling ruin; in bleak light*
*Of your stormy eye, magic takes flight*
*Like a daunted witch, quitting castle when real days break.*

*Fractured pillars frame prospects of rock;*
*While you stand heroic in coat and tie, I sit*
*Composed in Grecian tunic and psyche-knot,*
*Rooted to your black look, the play turned tragic:*
*With such blight wrought on our bankrupt estate,*
*What ceremony of words can patch the havoc?*

## CONVERSA ENTRE RUÍNAS

Você adentra o pórtico da minha casa elegante
Com gestos furiosos e bagunça as guirlandas de frutas
E os fabulosos alaúdes e pavões e rasga a rede
De todo o decoro que contém o turbilhão.
Agora as paredes em bom estado despencaram:
As gralhas grasnam por cima das ruínas; à luz lúgubre
De seu olhar tempestuoso, vejo a magia se dissipar,
Bruxa assustada que abandona o castelo no raiar do dia.

Pilares quebrados emolduram a paisagem pedregosa;
Você fica de pé, heroico, de terno e gravata, e eu,
Sentada de túnica grega, um coque na cabeça,
Atada ao seu olhar sombrio. A peça virou tragédia;
Diante do tanto que ficou devastado em nossa propriedade,
Qual cerimônia de palavras remendaria o estrago?

## MIDSUMMER MOBILE

*Begin by dipping your brush into clear light.*
*Then syncopate a sky of Dufy-blue*
*With tilted spars of sloops revolved by white*
*Gulls in a feathered fugue of wings. Outdo*

*Seurat: fleck schooner flanks with sun and set*
*A tremolo of turquoise quivering in*
*The tessellated wave. Now nimbly let*
*A tinsel pizzicato on fish fin*

*Be plucked from caves of dappled amber where*
*A mermaid odalisque lolls at her ease*
*With orange scallops tangled in wet hair,*
*Fresh from the mellow palette of Matisse:*

*Suspend this day, so singularly designed,*
*Like a rare Calder mobile in your mind.*

## MÓBILE DE VERÃO

Primeiro, mergulhar o pincel nos raios de luz.
Depois sincopar o azul-Dufy de um céu
Com barcos, mastros e tudo o que reluz.
Gaivotas brancas numa fuga de asas ao léu.

Superar Seurat: pontilhar com sol o navio
E aplicar um tremolo azul-turquesa
No mosaico de ondas. Depois fazer um fio
De pizzicato na nadadeira do peixe com destreza,

Tirado da caverna de âmbar salpicado,
Na qual uma sereia odalisca sorrisse,
Cheia de conchas nos cabelos molhados,
Recém-saída da suave paleta de Matisse.

Suspender esse dia, fora do tempo:
Raro móbile de Calder no pensamento.

**BLUEBEARD**

*I am sending back the key*
*that let me into bluebeard's study;*
*because he would make love to me*
*I am sending back the key;*
*in his eye's darkroom I can see*
*my X-rayed heart, dissected body:*
*I am sending back the key*
*that let me into bluebeard's study.*

**BARBA-AZUL**

Devolvo a chave do abrigo
do barba-azul, meu amigo;
já que ele faria amor comigo
devolvo a chave do abrigo;
no breu de seu olhar-postigo:
o corpo dissecado, o coração radiografado;
devolvo a chave do abrigo
do barba-azul, meu amigo.

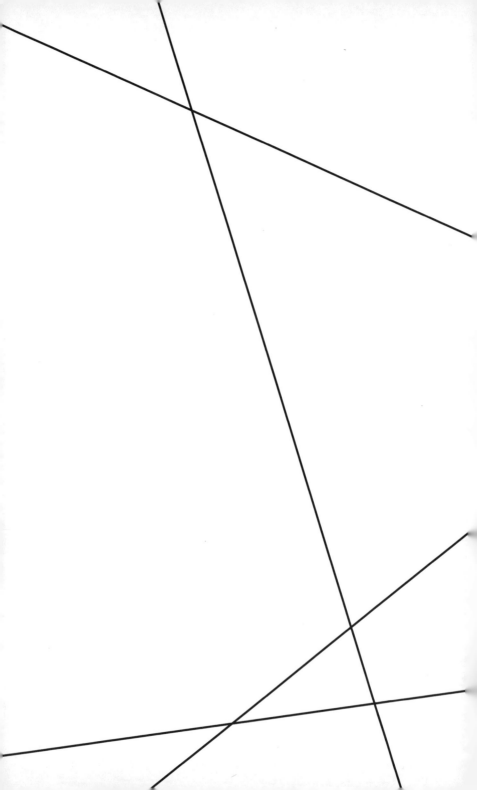

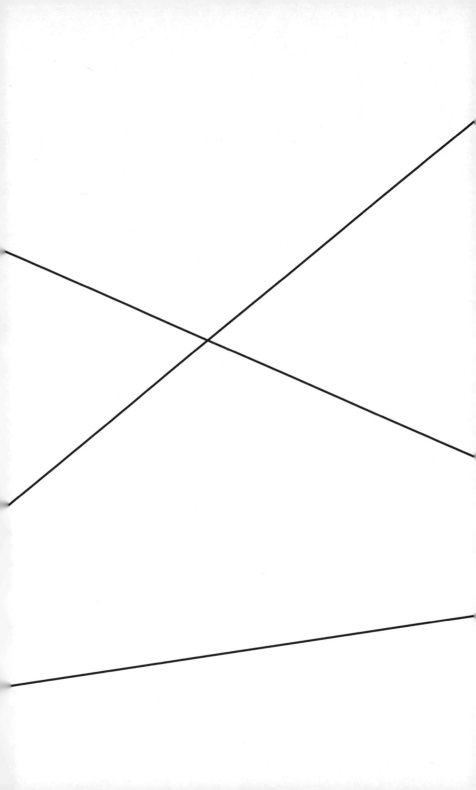

# CRONOLOGIA

**1932**

27 DE OUTUBRO Nasce às 14h10 em Boston, Massachusetts (Estados Unidos). É a primeira filha de Otto Emil Plath, alemão naturalizado estadunidense, biólogo e professor da Universidade de Boston, e Aurelia Schobert Plath, de origem austríaca, ex-aluna de Otto. A família vive num apartamento térreo na Prince Street, subúrbio de Jamaica Plain.

**1936**

Os Plath se mudam para Winthrop, localidade litorânea em Massachusetts.

**1940**

5 DE NOVEMBRO Morte do pai, por complicações de diabetes.

**1941**

10 DE AGOSTO Seu primeiro poema é publicado na seção infantil do *Boston Herald*: quatro versos sobre os grilos e vagalumes de uma noite de verão, com o título "Poem" [Poema].

**1942**

Corta o pescoço com uma lâmina, numa aparente tentativa de suicídio.
Muda-se com a mãe, o irmão e os avós maternos para Elmwood Road, em Wellesley.

**1944**

SETEMBRO Ingressa na Phillips Junior High School, em Wellesley.

Destaca-se nos estudos, obtendo notas máximas em quase todas as disciplinas, sobretudo as de línguas e literatura. Até o fim da década, assina dezenas de textos em prosa e poesia nos periódicos escolares *The Phillipian* e *The Bradford*. Inicia um diário, hábito que mantém até as vésperas de sua morte.

**1947**

SETEMBRO Começo do ensino médio na Gamaliel Bradford High School.

**1950**

16 DE MARÇO Primeira publicação em um veículo de alcance nacional, em coautoria com o amigo Perry Norton: "Youth's Appeal for World Peace" [Apelo da juventude pela paz mundial], um artigo contra a corrida armamentista, no *Christian Science Monitor*, de Boston.

AGOSTO Assina o conto "And Summer Will Not Come Again" [E o verão não retornará] na revista *Seventeen* (Nova York) e o poema "Bitter Strawberries" [Morangos amargos] no *Christian Science Monitor*, seus primeiros versos publicados nacionalmente.

SETEMBRO Ingressa no bacharelado em inglês do Smith College, universidade privada para mulheres em Northampton, Massachusetts, com bolsa financiada pela escritora Olive Higgins Prouty, de quem se torna amiga e correspondente, e que inspiraria a personagem Philomena Guinea de *A redoma de vidro* (1963). Ao longo do curso, atua como editora da revista acadêmica *Smith Review*.

NOVEMBRO Início da colaboração no jornal *Daily Hampshire Gazette*, como correspondente no Smith College. Nos meses seguintes, também escreve em *The Springfield Union* e *Springfield Daily News*.

## 1952

AGOSTO  O conto "Sunday at the Mintons" [Domingo dos Minton] vence o concurso nacional universitário promovido pela revista feminina *Mademoiselle*, de Nova York. O prêmio resulta em um convite para um estágio como editora da revista no verão seguinte.

SETEMBRO  Muda-se para a Lawrence House, residência de veteranas do Smith College.

Publica mais de cinquenta textos jornalísticos e literários ao longo do ano.

## 1953

JUNHO  Viaja a Nova York para estagiar na *Mademoiselle*. A experiência na cidade dará origem ao romance semiautobiográfico *A redoma de vidro*. Quatro textos seus aparecem na edição de agosto da revista.

JULHO  Retorna a Wellesley. É recusada no curso de escrita criativa ministrado por Frank O'Connor durante o verão na Universidade Harvard. O'Connor mais tarde explicaria que o nível literário de "Sunday at the Mintons", seu texto inscrito, era avançado demais para o curso. Sylvia tem uma crise de depressão severa e sofre de insônia. Submete-se a um tratamento baseado em tranquilizantes e eletrochoques.

24 DE AGOSTO  Tenta se suicidar ingerindo comprimidos de sonífero no porão de sua casa. É encontrada depois de quarenta e oito horas de buscas na região em semicoma e é internada no Massachusetts General Hospital.

OUTUBRO  Transferência para o McLean Hospital, instituição psiquiátrica em Belmont, na região de Boston. Sua terapia é conduzida pela psiquiatra Ruth Barnhouse, que se tornaria sua analista e correspondente, e inspiraria a dra. Nolan de *A redoma de vidro*.

## 1954

FEVEREIRO Recebe alta do hospital e retorna ao Smith College.

MAIO Retoma as publicações na imprensa. O poema "Doomsday" [Juízo Final] aparece na revista *Harper's*, de Nova York.

JULHO-AGOSTO Frequenta cursos de verão sobre literatura russa e norte-americana em Harvard.

OUTUBRO Inscreve-se no processo seletivo do Newnham College, faculdade feminina da Universidade de Cambridge, na Inglaterra.

## 1955

JANEIRO Submete sua monografia final ao departamento de inglês do Smith College, com o título "The Magic Mirror: A Study of the Double in two of Dostoevsky's Novels" [O espelho mágico: um estudo sobre o duplo em dois romances de Dostoiévski]. O ensaio, que aborda *O duplo* (1846) e *Os irmãos Karamázov* (1880), seria publicado em 1989, em edição limitada, pela Embers Handpress (Rhiwargor, País de Gales).

MAIO Recebe uma bolsa Fulbright para estudar no Newnham College, num curso de pós-graduação equivalente ao mestrado em estudos literários.

JUNHO Formatura no Smith College. Obtém o grau *summa cum laude* e o título de Bachelor of Arts.

AGOSTO O poema "Circus in Three Rings" [Circo em três voltas] é publicado na revista *The Atlantic*, de Boston.

20 DE SETEMBRO Chegada à Inglaterra de navio.

OUTUBRO Início no Newnham College. Interpreta a poeta louca de *Three Hours After Marriage* (1717) numa peça do Amateurs Dramatic Club, grupo teatral de alunos da universidade.

INVERNO Encontra-se com Richard Sassoon, seu namorado, em Paris. Viajam pela Europa.

## 1956

25 DE FEVEREIRO  Lê poemas de Ted Hughes no número de estreia de *Saint Botolph's Review*, que a impressionam. No mesmo dia, eles se conhecem na festa de lançamento da revista, em Cambridge. "Quando ele me beijou no pescoço, eu mordi sua bochecha com força, durante muito tempo. [...] Sangue escorria do rosto dele", escreve em seu diário.

ABRIL  Passa uma noite com Hughes em Londres antes de viajar a Paris para ver Richard Sassoon. Não encontra o namorado estadunidense, e eles rompem relações. Viaja para a Itália em seguida.

16 DE JUNHO  Casa-se com Hughes na igreja St. George the Martyr, em Londres, no Bloomsday, data dos eventos de *Ulysses*, de James Joyce.

JULHO-AGOSTO  Lua de mel em Paris, Alicante e Benidorm, na Espanha. Em setembro, visita a família de Hughes em Heptonstall, Yorkshire.

OUTUBRO  O conto "The Day Mr. Prescott Died" [O dia em que o sr. Prescott morreu] é publicado na revista *Granta* (Cambridge), e os poemas "Apotheosis" [Apoteose] e "Second Winter" [Segundo inverno] em *The Lyric* (Nova York).

NOVEMBRO  Publica suas impressões da Espanha no *Christian Science Monitor*, e o poema "Ella Mason and Her Eleven Cats" [Ella Mason e seus onze gatos] na *Granta*.

DEZEMBRO  Deixa a residência estudantil para morar com Hughes num apartamento na Eltisley Avenue, em Cambridge.

No final do ano, começa a escrever *O colosso e outros poemas* (1960), e muitos dos poemas dessa edição seriam publicados em revistas inglesas e norte-americanas antes da edição do volume.

## 1957

JANEIRO  A revista *Poetry* (Chicago) publica seis poemas seus, incluindo "Canção da prostituta", de *O colosso*. "Pursuit" [Perseguida], escrito para Hughes, aparece em *The Atlantic*. *Granta* publica o conto "The Wishing Box" [A caixinha de desejos].

ABRIL "Sentimental" (*O colosso*) aparece na revista *Gemini: The Oxford and Cambridge*.

JUNHO Formatura no Newnham College. Publica "Todos os mortos queridos" (*O colosso*) na *Gemini*.

20 DE JUNHO O casal de poetas parte de navio para os Estados Unidos e passa o verão em Eastham, em Cape Cod.

JULHO "A porca" (*O colosso*) sai em *Poetry* junto com mais três poemas seus.

SETEMBRO Começa a lecionar inglês no Smith College. Hughes dá aulas na Universidade de Massachusetts, em Amherst. Residem numa casa na Elm Street, em Northampton.

"Aubade" e "Two Lovers and a Beachcomber by the Real Sea" [Amantes e um detectorista em Real Sea] são incluídos na coletânea *Best Poems of 1955*, da Stanford University Press.

**1958**

PRIMAVERA Sylvia e Hughes abandonam a docência para tentar viver como escritores.

Nova temporada de veraneio em Cape Cod.

4 DE JULHO Escreve "Lorelei" (*O colosso*) por sugestão de Pan, espírito do ouija, pelo qual ela e Hughes são aficionados, como indica o poema "Ouija", no mesmo livro.

9 DE AGOSTO "Pesca de mariscos em Rock Harbor" (*O colosso*) sai no *The New Yorker*. Em 11 de outubro, a revista publica "Os rochedos de Hardcastle" (*O colosso*) com o título "Night Walk" [Caminhada noturna].

SETEMBRO O casal se muda para um apartamento na Willow Street, em Beacon Hill, região central de Boston. Sylvia passa a trabalhar meio período como secretária na ala psiquiátrica do Massachusetts General Hospital.

DEZEMBRO  Retoma as sessões de terapia com Ruth Barnhouse. Quatro poemas seus são publicados na coletânea *Poetry from Cambridge*, da Fortune Press de Londres, inclusive "Todos os mortos queridos". "A porca" é incluído em *New Poems 1958*, editada pela Michael Joseph (Londres). "Pursuit" [Perseguida] e "Epitaph for Fire and Flower" [Epitáfio para fogo e flor] saem na antologia *Best Poems of 1957*, da Stanford University Press.

## 1959

JANEIRO  *Mademoiselle* publica "Tudo no lugar" (*O colosso*), além de uma entrevista com a autora. Aparecem na imprensa outros dois poemas do livro: "Outono das rãs" sai na revista *The Nation* (Nova York) e "Os defeitos de estimação" em *The Spectator* (Londres).

MARÇO  Mais três poemas de *O colosso* são publicados na revista *London*: "O encantador de serpentes", "Lorelei" e "As musas inquietantes". *The Nation* reproduz "Partida".

ABRIL  "A cinco braças de profundidade" e "O eremita da casa mais longínqua" (*O colosso*) saem na revista *Audience* (Cambridge) ao lado de "Lorelei". "O touro de Bendylaw" é publicado na revista infantil *Horn Book* (Boston).

PRIMAVERA  Trabalha como assistente do chefe do departamento de sânscrito e estudos indianos da Universidade Harvard. Frequenta os seminários de poesia de Robert Lowell na Universidade de Boston, onde conhece Anne Sexton.

MAIO  "O escultor" (*O colosso*) aparece em *The Grecourt Review*, publicação do Smith College.

JUNHO  Lança mais três poemas de *O colosso*: "A despedida do fantasma" e "Point Shirley" em *Sewanne Review* e "Turno da noite" no *The Observer*, edição dominical do jornal londrino *The Guardian*.

JULHO-AGOSTO  Viaja de carro com Hughes durante nove semanas pelos Estados Unidos até o Canadá. O roteiro inclui San Francisco e New Orleans.

SETEMBRO-NOVEMBRO Temporada com Hughes em Yaddo, espécie de residência artística em Saratoga Springs, estado de Nova York. Publica quatro poemas de *O colosso*: "Eu quero, eu quero" no *Partisan Review* (Nova York); "Perdas" e "O escultor", além de "The Goring" [O acornado], na revista *Arts in Society*, da Universidade de Wisconsin (Madison).

6 DE NOVEMBRO "Duas visões de uma sala de cadáveres" e "O eremita da casa mais longínqua" (*O colosso*) são publicados no *Times Literary Supplement* (Londres).

12 DE DEZEMBRO O conto "A Winter's Tale" [Conto de inverno] sai na *The New Yorker*.

14 DE DEZEMBRO O casal de poetas retorna à Inglaterra de navio.

## 1960

JANEIRO Mudam-se para um apartamento alugado na Chalcot Square, em Primrose Hill, no noroeste de Londres.

FEVEREIRO Sylvia assina contrato com a editora Heinemann (Londres) para a publicação de *O colosso e outros poemas*.

1º DE ABRIL Nascimento de Frieda Rebecca, sua primeira filha.

JUNHO Publicação de "O jardim do solar", "Toupeiras azuis" (ambos de *O colosso*) e "The Beggars" [Os pedintes] na revista *Critical Quarterly* (Londres).

JULHO *The Atlantic* reproduz "Barco de inverno" e "Cogumelos" sai na revista *Harper's*, ambos de *O colosso*.

SETEMBRO Começa a datar seus poemas, bem como suas revisões. Publica "O suicídio em Egg Rock" e "Nasce a lua" (*O colosso*) na *Hudson Review* (Nova York).

31 DE OUTUBRO Lançamento de *O colosso e outros poemas*, com quarenta poemas.

Começa a escrever os poemas reunidos em *Ariel* (1965).

## 1961

FEVEREIRO  Sofre um aborto e alguns dias depois é internada para retirada do apêndice.

MARÇO  Começa a escrever *A redoma de vidro*, que conclui em quatro meses. O poema "Reis magos" sai na revista *New Stateman* (Londres).

MAIO  "Canção da manhã" (*Ariel*) aparece em *The Observer*.

JUNHO  Visita de Aurelia. "Você é" (*Ariel*) é publicado na revista *Harper's*.

JUNHO-JULHO  Viagem à França com Hughes. "Tulipas" (*Ariel*) é publicado na coletânea do festival Poetry at the Mermaid, editada pela Poetry Book Society de Londres.

AGOSTO  Seis poemas seus aparecem na revista *London*.

SETEMBRO  O casal se muda para Court Green, casa centenária adquirida em North Tawton, Devonshire. Alugam o apartamento em Londres para o poeta canadense David Wevill e sua mulher, Assia, que se tornará amiga de Sylvia e amante de Hughes. "Insone" vence o primeiro prêmio de poesia do Cheltenham Festival, o Guinness Poetry Award, do qual Sylvia será jurada no ano seguinte.

OUTUBRO  Escreve "A lua e o teixo" (*Ariel*), a partir de uma proposta de Hughes, sobre a árvore que vê da janela em Court Green. O conto "The Perfect Place" [O lugar perfeito] é publicado em *My Weekly* (Londres). Assina contrato com a Heinemann para a publicação de *A redoma de vidro*.

## 1962

17 DE JANEIRO  Nascimento de Nicholas Farrar, seu segundo filho.

21 DE JANEIRO  "A rival" (*Ariel*) é publicado no *The Observer*.

MAIO  *O colosso e outros poemas* é lançado em Nova York, com algumas alterações e cortes da autora.

JUNHO  Visita de sua mãe. Sylvia sofre um acidente de carro, em nova tentativa de suicídio. Descoberta das infidelidades de Hughes.

19 DE AGOSTO  A BBC transmite sua peça radiofônica *Three Women: A Poem for Three Voices* [Três mulheres: um poema para três vozes]. No mesmo mês, começa a escrever um romance, hoje perdido, intitulado *Double Exposure* [Dupla exposição].

SETEMBRO  Viaja à Irlanda com Hughes, que depois de alguns dias retorna abruptamente à Inglaterra. Separa-se do marido, que assume a relação com Assia, mas o casal não se divorcia legalmente. Até o final do ano, escreve dezenas de poemas, reunidos em *Ariel* (1965).

23 DE SETEMBRO  *The Observer* publica o poema "Atravessando a água".

30 DE OUTUBRO  Concede uma entrevista a Peter Orr, do British Council: "Acho que não poderia viver sem [escrever poesia]. É como pão e água, algo absolutamente essencial para mim".

DEZEMBRO  Muda-se com os filhos para um apartamento alugado na Fitzroy Road, em Primrose Hill, no mesmo prédio onde Yeats viveu durante a infância. Organiza os datiloscritos de *Ariel*, inicialmente intitulado *The Rival* [A rival], depois *A Birthday Present* [Presente de aniversário] e *Daddy* [Paizinho], com quarenta e um poemas.

"Outono das rãs" e "Metáforas" (*O colosso*) são incluídos na antologia *The Penguin Book of Contemporary Verse, 1918-1960*, da Penguin UK.

## 1963

JANEIRO  "Parada brusca" e "O candidato" (*Ariel*) aparecem na revista *London*. Agravamento de sua saúde mental.

13 DE JANEIRO  Última colaboração na imprensa: o poema "Árvores no inverno" (*Ariel*) sai no *The Observer*.

14 de janeiro Publicação de *A redoma de vidro* pela Heinemann, com o pseudônimo Victoria Lucas.

5 de fevereiro Completa seus dois últimos poemas, "Balões" e "Limite", que seriam incluídos em *Ariel*.

11 de fevereiro Suicida-se nas primeiras horas da manhã, em casa, inalando gás do forno, depois de vedar a cozinha para proteger seus filhos, ainda adormecidos. Uma semana depois, é sepultada em Heptonstall.

Hughes assume a administração de seu espólio literário.

## 1965

Publicação de *Ariel*, pela Faber & Faber (Londres), com quarenta poemas, em configuração alterada organizada por Ted Hughes. A introdução é de Robert Lowell.

## 1968

A peça radiofônica *Three Women* (1962) é publicada pela Turret Books, de Londres, em edição limitada de 180 exemplares.

## 1969

23 de março Assia Wevill se suicida em Londres, também por inalação de gás doméstico, matando também a filha, Shura, de quatro anos.

## 1971

*Crossing the Water*, com poemas produzidos entre 1959 e 1962, é lançado pela Harper & Row (Nova York). *Winter Trees*, com dezenove poemas escritos em seu último ano de vida, sai pela Faber & Faber. Ambos os livros são editados por Ted Hughes.

## 1975

Publicação de *Letters Home: Correspondence* [Cartas para casa:

correspondência], 1950-1963, reunião de cartas enviadas à sua família, pela Harper & Row. Edição, seleção e notas de sua mãe, Aurelia Plath.

**1976**
The Bed Book [O livro das camas], um poema de ninar escrito para Nicholas e Frieda, é publicado em livro pela Harper & Row.

**1977**
A Faber & Faber publica *Johnny Panic and the Bible of Dreams* [Johnny Panic e a bíblia de sonhos], coletânea de trinta textos em prosa, com introdução de Ted Hughes.

**1981**
Publicação de *The Collected Poems* pela Harper & Row, com 224 poemas escritos entre 1956 e 1963, além de cinquenta poemas de juventude, com organização, introdução e notas de Ted Hughes.

**1982**
*The Collected Poems* vence o prêmio Pulitzer de poesia. É a primeira poeta a receber a distinção por um livro publicado postumamente.

Publicação de *The Journals of Sylvia Plath* [Os diários de Sylvia Plath], reunião parcial de seus diários, pela Dial Press (Nova York), com organização de Ted Hughes e Frances McCullough.

**1996**
Lançamento em livro do conto infantil *The It-doesn't-matter Suit* [O terno não-faz-mal], pela Faber.

**1998**
28 DE OUTUBRO  Morre Ted Hughes, que meses antes publica *Birth-*

*day Letters* [Cartas de aniversário], coleção de 88 poemas autobiográficos sobre sua relação com Sylvia.

## 2000
Publicação da íntegra dos diários de Sylvia entre 1950 e 1962, pela Anchor Books de Nova York, com organização de Karen V. Kukil.

## 2001
A Faber & Faber lança *Collected Children's Stories*, com o conto inédito "Mrs. Cherry's Kitchen" [A cozinha da senhora Cereja].

## 2004
Publicação de *Ariel* em edição fac-similar dos originais de dezembro de 1962, pela Harper Perennial, com prefácio de sua filha, Frieda.

## 2009
16 DE MARÇO Suicídio de seu filho, Nicholas.
A peça *Three Women* é encenada pela primeira vez, em Londres.

## 2017-8
Publicação de sua correspondência reunida em dois volumes, pela Faber & Faber, com organização de Peter K. Steinberg e Karen V. Kukil.

## 2019
Lançamento em livro, pela Faber Stories, do conto inédito *Mary Ventura and the Ninth Kingdom* [Mary Ventura e o Nono Reino], escrito para *Mademoiselle* em 1952.

## FONTES

CLARK, Heather L. *Red Comet: The Short Life and Blazing Art of Sylvia Plath*. Nova York: Vintage Books, 2020.

O'REILLY, Catriona. "Sylvia Plath". In: Jay Parini (Org.). *The Oxford Encyclopedia of American Literature*. Nova York: Oxford University Press, 2004. pp. 355-62.

PLATH, Sylvia. *The Collected Poems*. Nova York: Harper & Row, 1981.

_____. *The Unabridged Journals of Sylvia Plath*. Nova York: Anchor Books, 2000.

STEINBERG, Peter K. *A Celebration, This Is* (portal). Disponível em: <https://www.sylviaplath.info>. Acesso em: 20 set. 2022.

# ÍNDICE DE POEMAS EM ORDEM ALFABÉTICA

40° de febre, 125

## A

*A Birthday Present*, 102
A cinco braças de profundidade, 265
A chegada da caixa de abelhas, 137
A coragem de se calar, 413
A despedida do fantasma, 251
A filha do apicultor, 323
A lua e o teixo, 99
A mulher do guarda do zoológico, 453
A outra, 425
A porca, 197
A rival, 113
*A secret*, 402
A visita, 381
*A Winter Ship*, 260
Acontecimento, 429
*Aftermath*, 230
*All the Dead Dears*, 226
*Amnesiac*, 384
Amnésico, 385
*Among the Narcissi*, 434
Aquarela dos campos de Grantchester, 247
Ariel, 73
*Ariel*, 72
Árvores no inverno, 365
As danças noturnas, 53
As duas irmãs de Perséfone, 299
As manequins de Munique, 161

As musas inquietantes, 289
Atravessando a água, 437

**B**

*Balloons*, 172
Balneário incendiado, 327
Balões, 173
Barba-azul, 481
Barco de inverno, 261
*Barren Woman*, 450
Berck-Plage, 59
*Berck-Plage*, 58
*Black Rook in Rainy Weather*, 256
*Blackberrying*, 442
*Blue Moles*, 270
*Bluebeard*, 480
Bondade, 179
*Brasilia*, 360
Brasília, 361

**C**

Canção da manhã, 21
Canção da prostituta, 275
Canção de Maria, 367
Carta de amor, 459
Carta em novembro, 109
Chegando, 89
*Child*, 356
*Childless Woman*, 358
Cogumelos, 241
Colhendo amoras, 443
Contusão, 181
*Contusion*, 180
Conversa entre ruínas, 477

*Conversation Among the Ruins*, 476
Corte, 45
*Crossing the Water*, 436
*Cut*, 44

**D**

*Daddy*, 114
*Death & Co.*, 76
*Departure*, 210
Detetive, 417
Dois acampados no país das nuvens, 463
Dormir no deserto Mojave, 467
Duas visões de uma sala de cadáveres, 193

**E**

*Edge*, 182
*Elm*, 48
Entre os narcisos, 435
Espelho, 439
Eu quero, eu quero, 245
*Event*, 428

**F**

*Faun*, 208
Fauno, 209
Ferrão, 141
*Fever 103°*, 124
Filho, 357
*For a Fatherless Son*, 420
*Frog Autumn*, 312
*Full Fathom Five*, 264

**G**

*Getting There*, 88

Gralha negra em tempo chuvoso, 257
Gulliver, 85
*Gulliver*, 84

**H**
*Hardcastle Crags*, 204
Homem de preto, 281

**I**
*I am Vertical*, 448
*I Want, I Want*, 244
*Insomniac*, 444
Insone, 445

**K**
*Kindness*, 178

**L**
Lady Lazarus, 31
*Lady Lazarus*, 30
*Last Words*, 440
Lesbos, 391
*Lesbos*, 390
*Letter in November*, 108
Limite, 183
*Little Fugue*, 152
Lorelei, 217
*Lorelei*, 216
*Love Letter*, 458

**M**
*Magi*, 456
*Man in Black*, 280
*Mary's song*, 366

*Maudlin*, 268
Medalhão, 295
*Medallion*, 294
Medusa, 95
*Medusa*, 94
Mensageiros, 23
Metáforas, 255
*Metaphors*, 254
*Midsummer Mobile*, 478
*Mirror*, 438
Místico, 353
Móbile de verão, 479
*Moonrise*, 304
*Morning Song*, 20
Morte & cia., 77
Mulher estéril, 451
Mulher sem filhos, 359
*Mushrooms*, 240
*Mussel Hunter at Rock Harbor*, 314
*Mystic*, 352

**N**

Nasce a lua, 305
Natimorto, 473
*Nick and the Candlestick*, 80
Nick e o castiçal, 81
*Night Shift*, 194
No convés, 469

**O**

O caçador de coelhos, 431
O candidato, 27
O carcereiro, 399
O cisco no olho, 201

O colosso, 213
O encantador de serpentes, 283
O enforcado, 151
O enxame, 407
O eremita da casa mais longínqua, 287
O escultor, 331
O jardim do solar, 191
O paralítico, 169
O suicídio em Egg Rock, 239
O touro de Bendylaw, 225
Olmo, 49
*On Deck*, 468
Os anos, 159
Os defeitos de estimação, 303
Os magros, 233
Os medrosos, 369
Os rochedos de Hardcastle, 205
Ouija, 277
*Ouija*, 276
Outono das rãs, 313
Ovelhas na neblina, 25

**P**
Paizinho, 115
Palavras, 185
Palavras ouvidas, por acaso, ao telefone, 423
Papoulas em julho, 177
Papoulas em outubro, 57
Para um filho sem pai, 421
Parada brusca, 389
*Paralytic*, 168
Partida, 211
Passando o inverno, 147
Pequena fuga, 153

Perdas, 231
Pesca de mariscos em Rock Harbor, 315
*Poem for a Birthday*, 332
Poema para um aniversário, 333
Point Shirley, 221
*Point Shirley*, 220
*Poppies in July*, 176
*Poppies in October*, 56
Presente de aniversário, 103
*Private Ground*, 474
Propriedade privada, 475
Purdah, 375
*Purdah*, 374

## R
Reis magos, 457
Reunião das abelhas, 131

## S
*Sculptor*, 330
Sentimental, 269
*Sheep in Fog*, 24
*Sleep in the Mojave Desert*, 466
*Snakecharmer*, 282
Solteirona, 309
Sou vertical, 449
*Sow*, 196
*Spinster*, 308
*Stillborn*, 472
*Stings*, 140
*Stopped Dead*, 388
*Strumpet Song*, 274
*Suicide off Egg Rock*, 238

# T

Talidomida, 371
*Thalidomide*, 370
*The Applicant*, 26
*The Arrival of the Bee Box*, 136
*The Bee Meeting*, 130
*The Beekeeper's Daughter*, 322
*The Bull of Bendylaw*, 224
*The Burnt-Out Spa*, 326
*The Colossus*, 212
*The Companionable Ills*, 302
*The Courage of Shutting-Up*, 412
*The Couriers*, 22
*The Detective*, 416
*The Disquieting Muses*, 288
*The Eye-Mote*, 200
*The Fearful*, 368
*The Ghost's Leavetaking*, 250
*The Hanging Man*, 150
*The Hermit at Outermost House*, 286
*The Jailer*, 398
*The Manor Garden*, 190
*The Moon and the Yew Tree*, 98
*The Munich Mannequins*, 160
*The Night Dances*, 52
*The Other*, 424
*The Rabbit Catcher*, 430
*The Rival*, 112
*The Swarm*, 406
*The Thin People*, 232
*The Times Are Tidy*, 324
*The Tour*, 380
Todos os mortos queridos, 227
Totem, 165

*Totem*, 164
Toupeiras azuis, 271
Tudo no lugar, 325
Tulipas, 39
*Tulips*, 38
Turno da noite, 195
*Two Campers in Cloud Country*, 462
*Two Sisters of Persephone*, 298
*Two Views of a Cadaver Room*, 192

## U
Últimas palavras, 441
Um segredo, 403

## V
Você é, 123

## W
*Watercolor of Grantchester Meadows*, 246
*Winter Trees*, 364
*Wintering*, 146
*Words*, 184
*Words heard, by accident, over the phone*, 422

## Y
*Years*, 158
*You're*, 122

## Z
*Zoo Keeper's Wife*, 452

Esta obra foi composta por Flávia Castanheira em Monarcha
e impressa pela Gráfica Santa Marta em ofsete sobre papel
Pólen Soft da Suzano S.A. para a Editora Schwarcz
em maio de 2023

A marca FSC® é a garantia de que a madeira utilizada na fabricação do papel deste livro provém de florestas que foram gerenciadas de maneira ambientalmente correta, socialmente justa e economicamente viável, além de outras fontes de origem controlada.